I0540474

A saudade
é o metro
do amor

Organização de
Flávio Mussa Tavares

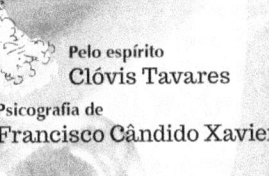

Pelo espírito
Clóvis Tavares
Psicografia de
Francisco Cândido Xavier

VINHA
DE LUZ

SERVIÇO EDITORIAL
Belo Horizonte
2016

EDIÇÃO: Vinha de Luz - Serviço Editorial Ltda.
Departamento Editorial da Casa de Chico Xavier
Av. Álvares Cabral, 1777 | 20º andar | Sala 2006
Santo Agostinho | 30170-001 | Belo Horizonte | MG
(31) 2531-3200 | 2531-3300 | 3517-1573
www.vinhadeluz.com.br — informacoes@vinhadeluz.com.br
www.casadechicoxavier.com.br — informacoes@casadechicoxavier.com.br

COORDENAÇÃO EDITORIAL
Célia Maria de Oliveira Soares | Geraldo Lemos Neto | Flávio Mussa Tavares

CAPA
Thiago Panegassi Lopes de Campos

FOTOGRAFIA DA CAPA
Acervo da Escola Jesus Cristo de Campos dos Goytacazes, RJ

PROJETO GRÁFICO | TRATAMENTO DE IMAGENS | DIAGRAMAÇÃO | REVISÃO TÉCNICO-CIENTÍFICA
Célia Maria de Oliveira Soares

1ª edição - novembro 2015 | 500 exemplares
2ª edição - abril 2016 | 1.000 exemplares

Dados Internacionais de Catalogação na Publicação (CIP)
(Câmara Brasileira do Livro, SP, Brasil)

Tavares, Clóvis (Espírito) .
    A saudade é o metro do amor / pelo espírito
Clóvis Tavares ; psicografia de Francisco
Cândido Xavier ; organização de Flávio Mussa
Tavares. - - 2. ed. - - Belo Horizonte : Vinha de
Luz, 2016.

    Bibliografia

    1 . Espiritismo 2 . Psicografia I. Xavier,
Francisco Cândido, 1910-2002. II. Tavares, Flávio
Mussa. III. Título.

16-01504   CDD - 133.93

Índices para catálogo sistemático :

1. Mensagens mediúnicas psicografadas : Espiritismo
    133.93

Epígrafe

100 anos | *80 anos*
Clóvis Tavares | **Escola Jesus Cristo**
1915 – 2015 | 1935 – 2015

Ao espírito de
Santos Dumont ~ Lill ~ Carlinhos Tavares,
nosso preito de eterno amor e gratidão.

Dedicatória

Sumário

Apresentação

Nina Arueira

A medida sem medida

"Haverá Céu sem a presença daqueles que amamos?
Teremos paz sem alegria para os que moram em nosso coração?"
– *André Luiz* | Entre a Terra e o Céu

Quis a Providência de Deus que a alma brasileira fosse uma conjugação de três fatores étnicos distintos, de modo a inaugurar no nosso planeta uma nova experiência genética, até então inaudita. A miscigenação na terra da Santa Cruz apenas tornou-se um fato porque a alma portuguesa trouxe para estas plagas o seu romantismo regado à nostalgia. Há também um quê de melancolia na expressão anímica que nosso caldo genético recebeu da genes lusa.

Senão, vejamos algo desse sentir tão misterioso, a ponto de ser inexprimível, na totalidade de seu conteúdo semiológico, em qualquer outro idioma: *a saudade*!

Pode-se emprestar à saudade a acepção inglesa do *missing*, que é *sentir falta*! Todavia, todos que temos o sentir intraduzível da saudade em nosso íntimo sabemos que sentir falta de alguém é uma pálida ideia do que o romântico sente em seu mais íntimo do ser. Outros já tentaram associar a ideia de saudade ao *regret* francês, o que redunda mais uma vez num reducionismo semântico, pois aqui repousa a ideia melancólica do *pesar* e do *lastimar*.

Se saudade é tão-somente a lástima ou sentir a ausência de um amado, se não se resume no simplório sentir falta, a que podemos compará-la? Como descrevê-la a um não--luso-afro-índio-descendente?

Acreditamos que na formação desse caldo, protótipo do homem do terceiro milênio, o elemento português, o ameríndio e o africano contribuíram de modo paritário. Seguindo a informação de Humberto de Campos em *Brasil, coração do mundo, pátria do Evangelho*, sabemos que o negro nos trouxe a contribuição da humildade e do espírito de servir, o nosso elemento ameríndio legou-nos a simplicidade e a bondade ingênua, e o português, a bravura, o espírito de aventura, associado ao seu romantismo eivado de uma tristeza nostálgica.

Essa foi a fórmula encontrada pelo Cristo para plasmar na imensidão dos séculos – que são para ele somente alguns instantes na grande noite dos tempos – a alma brasileira.

É dessa alma de Vera Cruz que nos fala Clóvis Tavares, cunhando para nós a frase lapidar: *a saudade é o metro do amor*! E aqui saudade não se refere apenas ao nosso pesar pela falta de um ser ausente. Mais que isso, saudade é uma nostalgia da inocência original, de nossa infância espiritual nas imemoriais épocas inacessíveis aos nossos arquivos disponíveis. Em algum tempo, houve uma pureza, um sentimento de doce dependência do Ser que ama todas as criaturas. Esse sentimento nos envolve em uma egrégora inefável, onde se abandona num oceano infinito de amor.

Só quem ama pode dimensionar essa saudade. Só quem tem essa saudade imensa pode, verdadeiramente, amar. Ter saudade é como um rasgo de lucidez na escuridão da inconsciência. É como um lampejo de alegria em meio à amargura. É uma aspiração de alcançar uma nova dimensão. É um portal de um outro espaço-tempo.

Clóvis Tavares, em sua palestra dominical do dia 18 de maio de 1952, comentando o Evangelho de Mateus, capítulo 7, versos 24 a 27, quando compara a construção de uma casa sobre a rocha e outra sobre a areia, contou a seguinte estória, que foi anotada por minha tia materna Yvone Esperidião:

"Uma pequenina descendente de condes e barões foi raptada do castelo onde morava por nômades malfeitores, quando colhia flores no jardim. Cresceu e foi educada entre eles, habituando-se à vida errante e cheia de atropelos. Um dia, a sua alma despertou. Sonhou que uma bela fada chegou junto a ela e disse: 'Aqui está um castelo que é seu'. E as visões oníricas se repetiram e ela não pôde resistir aos sonhos sucessivos. 'Seu pai está no castelo esperando por você até hoje, sem saber onde você está', dizia a doce voz. Então, a nobre menina fugiu, acalentada por uma nostalgia inexplicável, em busca do castelo, esperando encontrá-lo. Encontrará? Perguntais. Cristo também tem um castelo e está à nossa espera. Nossas almas foram raptadas pelos ciganos de nossas paixões. Todavia, a voz de um espírito de luz, que é a voz da fé, está sempre a nos sussurrar sobre a existência de nossa

morada no plano espiritual. Por isso a alma humana tem momentos de lucidez e se abate quando é
envolvida por uma nostalgia de um lugar distante,
belo, perfeito! Queremos nós sair de nosso estado
de sequestro espiritual?"

É preciso depurar a nossa saudade para que busque-
mos as aspirações mais sublimes da alma, fazendo com que
essa saudade seja realmente a medida do nosso amor.

Recebe, pois, papai, dos páramos celestiais, nossa gratidão, nossa saudade e nosso amplexo espiritual, sentindo-o
sempre presente, na nossa memória, nos nossos pensamentos, nos nossos sonhos, nas nossas palavras e em nossas mais
singelas ações.

Seu filho,

Flávio

Introdução

– *Clóvis Tavares*

Clóvis Tavares

"Nessas terras, para além dos grandes oceanos,
poderíeis instalar o pensamento cristão dentro
das doutrinas do amor e da liberdade."
– *Humberto de Campos* | Brasil, coração do mundo,
pátria do Evangelho

Nasceu meu pai em Campos dos Goytacazes, em 20 de janeiro de 1915, dia de São Sebastião, no distrito de São Sebastião. Em meio a tal coincidência, seu nome, que já estava escolhido ser "Clóvis", foi precedido de "Sebastião". Sebastião Clóvis Tavares é seu nome de batismo, embora sempre tenha sido conhecido por simplesmente Clóvis.

Desde a mais remota infância, demonstrou pendores religiosos e era comum ver nas plagas de São Sebastião seus irmãos jogando bola ou brincando de cabra-cega e Clóvis lendo ou rezando em seu oratório particular.

Entre os padres com quem conviveu em sua infância, nenhum exerceu mais influência sobre ele que o Padre Émille Des Touches. Des Touches era francês de nascimento, de família nobre e abastada. Ele teria abandonado a sua herança para dedicar-se à vida religiosa, tendo decidido vir para o Brasil seguindo uma inspiração ou determinação do Alto. Foi o seu professor de Francês e seu primeiro orientador espiritual. Do Padre Émille Des Touches, o público espírita conhece "Petição de servo",[1] obra eivada de beleza e sabedoria espiritual.

Na adolescência, estudando no célebre Liceu de Humanidades de Campos, integrou um grupo de jovens idealistas que decidiram mudar o mundo. Militaram ativamente na política e viveram um sonho de liberdade.

No Liceu, conhece a jovem Nina Arueira. Os dois enamoraram-se e tornaram-se noivos. Viviam intensamente a vida partidária, sendo líderes de greves operárias e movimentos estudantis. Dirigiu também, no Liceu, um jornal literário, no qual publicava crônicas de Humberto de Campos e poesias de Fagundes Varela, Guerra Junqueiro, Augusto dos Anjos, Antero de Quental, João de Deus, Castro Alves e muitos outros poetas brasileiros e portugueses.

Certo dia, no ano de 1930, o jovem Clóvis avista um velhinho na rua. Era o seu amigo de infância, o Padre Des Touches. Clóvis levava nas mãos um exemplar das *Fábulas de La Fontaine*. O velho padre, já destituído de sua paróquia, diz, de modo solene e profético: "Meu filho, você vai conhecer um francês maior que La Fontaine. Você vai conhecer um grande homem de Deus. Seu nome é Allan Kardec".

---

[1] Inserta nos livros *Trinta anos com Chico Xavier*, Clóvis Tavares, Instituto de Difusão Espírita (IDE), 1983, e *Escultores de almas*, Francisco Cândido Xavier, por espíritos diversos, Cultura Espírita União (CEU), 1987.

Clóvis escutou as palavras, impassivelmente. Estava afastado do pensamento religioso. Adotara o materialismo científico. Estudara os filósofos, os cientistas políticos. Lera Marx e Engels, e Lenin. Chegou mesmo a traduzir um livro de Lenin do francês para o português. A visão daquele padre, que lhe remeteu aos tempos da inocência, foi um refrigério para o espírito. Despediu-se do velho amigo e seguiu seu caminho sem se impressionar com aquelas palavras.

Em 1932, Clóvis vai estudar Direito no Rio de Janeiro, na Universidade do Brasil. Ali ficava toda a semana, em uma pensão da Rua do Catete, e voltava para Campos todas as sextas-feiras. Nesse período, trabalhou como conferente no Porto do Rio de Janeiro pela Marinha Mercante do Brasil. Sua vida de estudante no Rio de Janeiro passou a ser quinzenal, pois sua família não podia pagar a pensão durante todo o mês. Ele ficava uma quinzena para as provas e a outra quinzena ficava em Campos, onde passou a representar revistas médicas especializadas e visitar os consultórios médicos para vender assinaturas.

No ano de 1934, durante uma manifestação na Praça São Salvador, Clóvis e Nina são caluniados num imbróglio envolvendo uma suposta destruição da bandeira nacional. Na verdade, foi um circo armado. Os provocadores rasgaram a bandeira e culparam os comunistas. Isso os levou a um isolamento social cruel. Eles foram caluniados porque eram amigos dos pobres, porque lutavam a favor de crianças abandonadas, contra a exploração feudal, contra o sistema escravocrata que persistia em nossas lavouras. Todavia, os ambiciosos e opulentos, estratégica e hipocritamente, encontraram um modo de acusá-los. Não tendo como encontrar erro na compaixão que movia suas ações, acusaram-lhes de antipatriotas. Era um discurso forte naquela época. O ufanismo de direita estava em voga na Europa. A doutrina macartista era vendida pelos Estados Unidos e tal onda produziu este cinismo: acusar de antipatriotas aqueles que queriam apenas a justiça social. E os dois passaram a ser odiados pela sociedade hipócrita da cidade. Quem mais sofreu com o isolamento social foi Nina, pois Clóvis passava a maior parte de seu tempo estudando no Rio de Janeiro.

Um novo fato, inesperado, entretanto, causou uma das maiores comoções psíquicas da vida de Clóvis. Nina é acometida de uma febre tifoide. Necessitava de isolamento. Ninguém queria recebê-la. Mas havia na cidade, àquela época, um cidadão chamado Virgílio de Paula. Ele era espírita e teósofo. Recebeu Nina em sua casa e improvisou para ela uma enfermaria doméstica, um isolamento com todo o conforto e atenção. Clóvis passa a fazer plantões ao seu lado, passando noites inteiras em vigilância, mas sem oração.

Virgílio de Paula era pai de uma grande prole, adotou muitas crianças e procurava ser cristão em todas as suas atitudes. Nina interessa-se, inicialmente, pela Teosofia. Leu, por indicação de seu professor, *Do recinto interno*, de Annie Besant, e decide renunciar à política partidária. Conta a Clóvis a sua decisão. Este ouviu hesitante, pois o dogmatismo partidário ainda lhe dominava o pensamento. Não assimilou de pronto, mas arquivou os conceitos que escutou de Nina e as lições que ela aprendeu com o vovô Virgílio.

Virgílio de Paula, por sua vez, aos poucos introduziu um pouco de Evangelho em suas conversações com Nina. Ela maravilhou-se com a visão de um Jesus Cristo amigo dos pobres e dos sofredores. Um Jesus Cristo amigo da justiça e da caridade, e entregou-se, alma inteira ao Evangelho, explicado pela racionalidade espírita. Foram apenas alguns meses. Em março de 1935, Nina desencarnou, considerando-se espírita.

Clóvis, a princípio, desespera-se. Na negação da morte, como primeiro mecanismo de defesa psicológico, busca meios de provar a si mesmo que ela não morrera, que estava viva. E os meios apareceram. Virgílio de Paula entrega a ele escritos de Nina, declarando-se cristã. O seu materialismo, então, sucumbe. Que se passara na mente de Nina? – pensava o jovem recém-egresso do bolchevismo. Na ânsia de entender o mistério da morte, busca seguir o mesmo caminho de leituras de sua noiva. Lê Annie Besant e se encanta. Lê a primeira obra de Allan Kardec e cumpre a profecia de Des Touches. Quando começou a ler *O Livro dos Espíritos*, foi envolvido por uma nuvem de pensamentos e recordações. E parecia tão nítida a lembrança do bom padre Des Touches lhe falando de Allan Kardec! Como um padre idoso poderia ter antecipado no tempo, de modo tão claro, o seu encontro com o sábio francês? Padre Des Touches havia desencarnado pouco tempo após o encontro com Clóvis no centro de Campos. Não podia encontrá-lo. Como responder a tantas perguntas?

Clóvis decide frequentar o Grupo Espírita João Batista, dirigido pelo Sr. Virgílio de Paula e outros companheiros da primeira hora do Espiritismo em Campos. Devorando a literatura espírita de modo meteórico, Clóvis é convidado a realizar palestras doutrinárias. Clóvis apaixonou-se pela cosmovisão espiritista e do mesmo modo que Nina conheceu um novo Jesus, muito mais próximo do homem do que aquele que conhecera na infância.

Quando leu, pela primeira vez, os versos de Olavo Bilac, Cruz e Souza, Fagundes Varela, Augusto dos Anjos, Castro Alves, João de Deus, Auta de Souza, teve certeza de sua decisão de declarar-se espírita.

Com o mesmo afinco que se dedicara havia apenas alguns meses à política partidária, passa a militar ativamente no meio espírita. Suas palestras eram as de um recém-convertido do materialismo, empregando a força de sua retórica e o magnetismo de seu verbo eloquente que a muitos atraíram.

A sua fluência verbal estava a serviço da causa evangélica. Suas novas marcas eram o amor e o ardor pelo Evangelho.

Paralelamente a essas atividades, fundou, no dia 27 de outubro de 1935, uma escola de doutrina espírita para crianças, na casa da mãe de sua antiga noiva, D. Didi Arueira. Passaram a chamar essa casa de *Escola Infantil Jesus Cristo*. Mais uma vez, entretanto, o inusitado acontece. Os frequentadores do Grupo João Batista, somados aos pais das crianças da *Escola Infantil*, afluíram em número crescente para escutar suas palestras na casa de D. Didi. A diretoria do Grupo Espírita João Batista decide, unanimemente, autodissolver--se. Todos os diretores e frequentadores passam a integrar os quadros da nascente *Escola Jesus Cristo*, já sem o qualificativo de "Infantil". Repetiu-se em escala institucional o mesmo que acontecera entre João Batista e Jesus Cristo. "É necessário que eu diminua para que ele cresça" (João, 3: 30)[2]. E o Grupo [precursor] João Batista desapareceu e seus seguidores passaram a seguir a *Escola Jesus Cristo*.

Iniciou-se uma era nova para o Espiritismo local, até então conhecido unicamente por sessões práticas. Com Clóvis, alvorece, em 1935, o Espiritismo da cultura e da caridade. Clóvis sempre priorizou na *Escola Jesus Cristo* o serviço de amor ao próximo e o estudo doutrinário. A mediunidade, como é até hoje, ocupa papel auxiliar. Sempre ensinou ele, aos que buscavam ajuda, que, em primeiro lugar, deviam se espiritualizar pelo estudo e pelo trabalho para depois libertar-se das possíveis influenciações. E por quantas vezes a determinação da educação do pensamento e de um serviço altruísta dissiparam as atribulações psíquicas de pessoas angustiadas! Dizia papai que devemos respeitar sobremaneira o intercâmbio espiritual e jamais abusar desse meio tão dis-

---

[2] João, 3: 30. *Bíblia Online*. Disponível em: <https://www.bibliaonline.com.br/acf/jo/3>. Acesso em: 4 set. 2015.

pendioso de energias psíquicas se podemos, por nossa própria motivação, mudar nosso padrão mental.

Fundou Clóvis, na *Escola Jesus Cristo*, dois orfanatos: um de meninas, dirigido, inicialmente, pela filha de Virgílio de Paula, D. Inayá de Paula, e outro para meninos, dirigido por ele mesmo e por seu companheiro de ideais Medeiros Correia Júnior, que mais tarde se tornaria juiz de Direito em Cachoeiro do Itapemirim-ES. Instituiu também um *Culto de Assistência*, no qual um grupo de irmãos visitava duas favelas de Campos para distribuição de gêneros e para a realização de um culto do Evangelho no lar dos assistidos. Instituiu ainda a *Sopa dos Domingos* com a ajuda dos irmãos portugueses Inocêncio Noronha, Bonifácio de Carvalho, D. Candinha e D. Mariquinhas. Esses irmãos portugueses sempre estiveram presentes na história de nossa *Escola Jesus Cristo*.

Surge ainda, por seu ideário, o *Curso Elzinha França* para orientação espiritual das crianças. Funda também uma das primeiras mocidades espíritas do Brasil, a Mocidade Espírita de Campos, da qual fazia parte a minha mãe e sua amiga Maria Zenith Pessanha.

Os jovens da Mocidade visitavam, à essa época, as famílias pobres da *Escola Jesus Cristo* para socorrê-las em suas necessidades. Numa dessas peregrinações, encontram uma menina recém-nascida, desnutrida, desidratada e abandonada. Como não havia, na ocasião, um órgão oficial de amparo à criança, e nem de longe se pensava no Estatuto da Criança e do Adolescente, decidiram levar a menina para a Casa da Criança. Chamaram-na *Elzinha França*. Apesar de meu pai ter providenciado todos os cuidados médicos, a menor desencarnou em pouco tempo.

Logo a seguir, em uma de suas habituais viagens a Pedro Leopoldo para encontrar-se com Chico Xavier, obteve do médium a informação de que estava presente o espírito de uma professora de muita luz chamada *Elzinha França*, que prometia ajudar no serviço de evangelização da *Escola Jesus Cristo*. Meu pai, a princípio pasmo, contou ao médium quem era a menina, o que muito agradou ao nosso Chico.

Fundou o *Clube da Fraternidade*, espaço artístico e lúdico para a realização de jogos infantis, teatro e coros musicais nos domingos à tarde, numa época em que não havia televisão.

Passou a visitar semanalmente os presos, recordando o ensino de Paulo aos hebreus: "Lembrai-vos dos encarcerados, como se vós mesmos estivésseis presos com eles. E dos maltratados, como se habitásseis no mesmo corpo com eles".[3] Uma vez por ano, pregava o Evangelho de Jesus no cemitério, no dia 2 de novembro, iniciando uma prática consoladora e esclarecedora na nossa terra.

Uma outra particularidade da *Escola Jesus Cristo* foi abrigar em suas dependências, na década de 60, uma escola de educação formal, na qual eu mesmo fiz a minha formação primária: o *Instituto Allan Kardec*.

Paralelamente à atividade espírita, meu pai lecionava *História* em duas escolas e *Direito Internacional Público* na Faculdade de Direito de Campos.

Foi autor de livros espíritas, renunciando, todavia, aos seus direitos autorais, pois aprendeu com Chico Xavier a doá-los às editoras que se dedicavam à difusão doutrinária. Escreveu: *Sementeira cristã*,[4] *A vida de Allan Kardec para as crianças, Meu livrinho de orações, Os dez mandamentos* e

---

[3] Hebreus, 13: 3. *Bíblia Online*. Disponível em: <https://www.bibliaonline.com.br/acf/js/24>. Acesso em: 4 set. 2015.
[4] Edição esgotada. Federação Espírita Brasileira (FEB), Rio de Janeiro, 1942.

Histórias que Jesus contou, para o público infantil, e *Vida de Pietro Ubaldi*,[5] *Trinta anos com Chico Xavier, Amor e sabedoria de Emmanuel, Tempo e amor, De Jesus para os que sofrem* e *Mediunidade dos santos*[6] para o público em geral.

Tornou-se amigo íntimo de Chico Xavier, com quem conviveu por 50 anos, o que é relatado nos referidos livros do parágrafo anterior.

Na década de 50, passou a se corresponder com o sábio italiano Pietro Ubaldi, a quem promoveu duas vindas ao Brasil, a última das quais definitiva. Traduziu do italiano os seguintes livros do referido autor: *As noúres, Ascese mística, Grandes mensagens* e *Fragmentos de pensamento e paixão*.[7]

Em 1954, quase 20 anos após a morte de Nina, meu pai veio a casar-se. Minha mãe, Hilda Mussa, estudava Arquitetura no Rio de Janeiro. Ela adotara o Espiritismo havia 5 anos, após a morte de seu irmão Victor, que era espírita. Assim que passou a frequentar a *Escola Jesus Cristo*, soube que Clóvis pesquisava sobre os fenômenos mediúnicos na vida dos santos católicos e quis colaborar. Comprava as biografias dos santos católicos no Rio de Janeiro e o ajudava a catalogar os casos. Esse estudo, o livro *Mediunidade dos santos*, só veio a ser publicado após a sua desencarnação.

Como sua colaboradora nas tarefas educacionais de nossa casa espiritual, fundou um coro infantil, uma livraria,[8] escreveu e dirigiu dezenas de peças teatrais adaptadas de contos clássicos da literatura universal, como *O pequeno*

---

[5] Editados pela Livraria Allan Kardec Editora (LAKE), São Paulo.
[6] Editados pelo Instituto de Difusão Espírita (IDE), Araras, SP.
[7] Editados pelo Instituto Pietro Ubaldi, Campos, RJ.
[8] Livraria Cícero Pereira, da Escola Jesus Cristo, que existe até os dias atuais.

príncipe, de Antoine de Saint-Exupéry, *O menino do dedo verde*, de Maurice Druon, *O pássaro azul*, de Mäeterlink, *Fernão Capelo Gaivota*, de Richard Bach, e *O meu Cristo partido*, de Ramón Cué.

O casal Clóvis e Hilda proporcionou a reencarnação de cinco espíritos: Carlos Vítor (que desencarnou aos 17 anos incompletos após uma vida de sofrimentos para ele e para os meus pais, o que está relatado no livro *A morte é simples mudança*)[9], Margarida, eu, Luís Alberto e Celso Vicente.

Em 1984, no dia 13 de abril, uma sexta-feira, após mal-estar súbito, Clóvis Tavares, meu pai, desencarnou. Exatamente uma semana depois de nascer o meu primeiro filho e seu primeiro neto, o Pedro. Foi a semana de maior conteúdo emocional de minha vida. No dia 6 de abril, às 18 horas, eu me tornava pai. Pedro nasceu na Santa Casa de Misericórdia de Campos. Eu acompanhei o parto e fui o primeiro a segurar o meu filho. Sete dias após, no mesmo hospital e, aproximadamente, no mesmo horário, meu pai é internado e na maca onde foi realizada a radiografia abdominal, segurando as minhas mãos, ele desencarnou.

Em apenas uma semana, nasce um filho e desencarna um pai. Sete dias em que vivenciei intensamente a experiência de ser um colaborador de dois espíritos que atravessavam o Portal da Vida no sentido inverso: um se recorporificando na Terra, outro se despedindo deste mundo e reentrando na dimensão do espírito.

O livro *A saudade é o metro do amor* é uma apresentação – *ipsis verbis* – das seis comunicações mediúnicas do

---

[9] Psicografia de Francisco Cândido Xavier, pelo espírito Carlos Vítor Mussa Tavares, USE/ Madras Espírita, São Paulo, 2005.

meu pai obtidas por meio de seu querido amigo Chico Xavier, com quem ele mantinha uma relação de amizade que não pode ser medida pelos padrões humanos.

Na intimidade do lar, papai sempre declarou que só se comunicaria mediunicamente através de Chico Xavier. "Mediunidade é sintonia", dizia sempre. Nós mantivemos nossa fidelidade a ele, ao nosso querido Chico, e reconhecemos nestas cartas espirituais a integridade de sua personalidade, pois guardam as marcas indeléveis de sua racionalidade e de sua emotividade.

As suas comunicações nos fazem reconstruir psiquicamente seu retrato! O leitor poderá comprovar o que afirmo aqui, ao conhecer o conteúdo delas, comparando-as aos seus escritos em vida. E reproduzimos aqui também alguns desses escritos e uma análise. Os capítulos em *itálico* constituem as suas cartas espirituais e os demais são os comentários nossos.

Rogamos a Deus nos permita traduzir ao público o alcance doutrinário destas comunicações, que não se resumem a cartas domésticas, mas sim a diretrizes doutrinárias.

Flávio Mussa Tavares

Campos, 20 de janeiro de 2015
– Centenário de Clóvis Tavares –

|

27 de outubro de 2015
– 80 anos de fundação da Escola Jesus Cristo –

Mensagens

– Clóvis Tavares, Chico Xavier,
Pietro Ubaldi e Rubens Romanelli,
em Pedro Leopoldo, MG, no ano de 1951

A saudade é o
metro do amor

Hilda,[1] o Senhor nos inspire e abençoe.

É uma experiência nova falar de uma vida para a outra.

Desejo esvaziar o coração, exteriorizando as saudades que me povoam a alma convalescente, mas as expressões me fogem da lembrança. Quero retomar a memória, no entanto, sinto-me na condição de cego devolvido à luz, ainda hesitando entre a sombra e a claridade. Perdoe-me se falo assim, mas não posso manifestar-me de outro modo.

Rearticulo as estruturas de minhas reminiscências do passado ainda presente, no hoje ligado ao ontem e noto as

---

[1] Hilda Mussa Tavares, esposa.

diferenças que se operaram dentro de mim.

Torno a ver você pálida e espantada, a receber-me em seu colo, para que a minha cabeça repousasse. Refletia a consternação do ambiente e procurei nos seus olhos e nos olhos do Flavinho[2] algum esclarecimento que me habilitasse a compreensão para a realidade.

Não esperávamos que uma radiografia considerada simples pudesse estar próxima da parada que me fibrilou o coração. Buscava em você e no Flávio algo que me falasse, conquanto em silêncio, mas o corpo se via na condição de máquina cujo motor esmorecera. Compreendi, na oração muda que consegui formular, que o tempo me demitia de sua própria movimentação, entregando-me ao tempo de outro nível.

Sabia que o desamparo não existe e me rendi aos desígnios do Senhor, conquanto, no íntimo, quisesse persistir na tarefa. Era o fim de uma estrada para o reencontro de outra. Aqueles momentos breves me pareceram longas faixas de horas que eu não saberia contar. Notei que, embora hirto, no peito, o meu coração permanecia ligado a você e aos nossos filhos com estranha força. As lágrimas me subiram do íntimo para os olhos, quais mensageiras de minhas primeiras notícias, entretanto, eu não conseguiria escrever com elas tudo o que desejava dizer a você. Os meus agradecimentos se confundiam com as ansiedades que me tomavam de assalto. Conquanto sentisse, desde alguns dias, a presença de pensamentos que me induziam a refletir no término de minha oportunidade na Terra, lutava contra a ideia de desistência. Afinal, você e eu estávamos em plenitude de trabalho e realização, nossos filhos iniciando a jornada no mundo e um

---

[2] Flávio Mussa Tavares, filho.

enorme acervo de tarefas, para nós inevitáveis. Ainda assim, era preciso dobrar a cerviz e aceitar os alvitres da Espiritualidade Maior que me chamavam a novos encargos. Creia que não me foi fácil cerrar os olhos que eu mantinha acesos na ânsia de prosseguir vivendo, de modo a compartilharmos de todas as alegrias e vicissitudes que a experiência humana me pudesse ofertar. Percebi que as suas lágrimas me borrifavam o rosto e me conscientizei, de imediato, quanto às novas lutas que seríamos induzidos a facear. Meu sono foi rápido. Quando me vi em outro recinto, notei que um rapaz me sustentava a cabeça, qual se lhe imitasse o carinho. Quando reconheci que me achava nos braços fortes de nosso Carlinhos,[3] agora um homem vigoroso, reconheci que reencontrara não o nosso filho que aprendemos a amar tanto, e sim o aconchego da dedicação de um pai que me houvesse retirado de sua ternura de companheira para encaminhar-me com segurança.

O pranto me sufocou a garganta e não pude senão dizer: -"Ah! Meu filho!"

Ele me colou mais intensamente ao peito viril, na ideia manifesta de fortalecer-me para a vida nova e observei que em nossa Escola querida[4] encontrávamos um novo berço de paz e amor. Chorei intensamente, dando vazão aos meus sentimentos, no entanto, Papai Vicente[5] e os manos Aluizio e Nuno[6] me ampararam, garantindo-me o impulso de me reerguer...

Não consegui verticalizar-me naquela hora, entretanto, antes que a minha roupa estragada pela morte fosse restituída

---

[3] Carlos Vítor Mussa Tavares, filho mais velho, desencarnado em 1973, cujas mensagens foram publicadas no livro *A morte é simples mudança*, pela Madras, São Paulo, 2004.
[4] Escola Jesus Cristo, instituição espírita fundada por Clóvis em Campos, em 1935.
[5] Vicente Tavares, seu pai.
[6] Aluízio Tavares, irmão, desencarnado em 1964, e Nuno Tavares, irmão, desencarnado em 1976.

à natureza, fui conduzido para fora do recinto que a amizade povoara de corações amigos e queridos... Os irmãos Aluízio e Nuno me deram as mãos e senti-me novamente leve, à maneira de ave que ensaia os primeiros voos depois de reconhecer sua própria capacidade de volitação, e um leve torpor me induziu ao sono, que senti como se estivesse à procura de pouso para o meu espírito inquieto. De que modo viajei ao lado do Aluízio e do Nuno, sinceramente ainda não sei, mas a verdade é que, findo o ligeiro descanso, achava-me em companhia de meu pai e de meus irmãos, que me aguardavam o refazimento, e recomecei o reavivamento dos meus conhecimentos e aptidões para o trabalho que se me reservasse. O abatimento que invadira todos os recantos do corpo dominava o campo dos meus pensamentos... Dias passaram sobre dias, até que eu pudesse identificar-me plenamente reintegrado em mim mesmo, no entanto chegou o momento de revê-la, abraçar nossos filhos queridos e distribuir o meu afeto com irmãos de jornada em nossa Escola.

Cientifiquei-me de que o nosso Rubens[7] assumira o governo de nossa instituição e isso tranquilizou-me.

As nossas recordações, associadas umas às outras, apresentavam largas somas de lágrimas, contudo era preciso refazer a vida e repetir por dentro de mim as inesquecíveis palavras de Josué: "Eu e a minha casa serviremos ao Senhor".[8] Um novo caminho me buscou o espírito cansado de perguntar e rendi-me aos desígnios do Divino Mestre que me chamava para o trabalho ativo.

---

[7] Rubens Fernandes Carneiro, amigo de Clóvis, que o substituiu nas tarefas da Escola Jesus Cristo com o beneplácito de nosso irmão Dr. Bezerra de Menezes, em missiva espiritual psicografada por Chico Xavier e reproduzida à p. 322 deste volume.
[8] Josué, 24. *Bíblia Online*. Disponível em: <https://www.bibliaonline.com.br/acf/js/24>. Acesso em: 4 set. 2015.

Meus dias se desdobravam nessas bases – saudades e tentames de ação edificante entre os dois mundos. Em companhia de familiares, esperava as decisões que me fossem apresentadas pelos mentores da Espiritualidade a que nos subordinamos, quando, agora, em outubro findo, fui convidado a visitar pela primeira vez a Escola Jesus Cristo do Plano Espiritual, que funciona em sintonia com a nossa Escola de Campos. Em companhia do Aluízio e do Nuno, fui à reunião pública pela primeira vez. Tive conhecimento de que a instituição fora fundada por Nina[9] há quarenta e nove anos, e que estaria crescendo em serviço na Vida Maior.

Timidamente, solicitei dos irmãos pudesse, de minha parte, ganhar acesso à reunião, depois que a penumbra envolvesse a todos os companheiros ali presentes, porque me sentia inadaptado e sem mérito algum para ser apresentado à pequena comunidade que ali se reunia... Entramos, ocupando três lugares que se enfileiravam.

Com surpresa, reconheci que o nosso amigo Virgílio de Paula era o regente do conjunto de preces que ali se dedicava às irradiações protetoras, em favor dos irmãos em maioria ainda convalescentes, ligados à instituição e arredores. A prece de nosso venerável irmão me tocou as fibras mais íntimas do sentimento. Ao término da alocução plena de amor que endereçava ao Senhor Jesus, comunicou à assembleia que, naquela noite, a Escola abrigava um novo companheiro que se vira afastado das tarefas no Plano Físico. Até ali tudo seguia normalmente, mas quando meu pobre nome foi pronunciado, a luz se fez total no recinto e uma explosão de lágrimas me banhou a face. Terminara a realização da noite e os ami-

---

[9] Nina Arueira, desencarnada em 1935. Foi noiva de Clóvis e é a fundadora espiritual da Escola Jesus Cristo. A sua história está relatada em *A morte é simples mudança*, op.cit., e na obra *Novo Céu e Nova Terra*, de nossa organização, publicada pela Scortecci Editora, em 2005.

gos vieram ao meu encontro. Achava-me atônito, como se não estivesse perante a verdade e sim no campo dos sonhos, quando se aproximaram de mim o nosso Virgílio,[10] que me ofertava os braços abertos, os nossos irmãos Marcolino Sudário do Amaral[11] e o Dr. Alfeu Gomes,[12] pioneiros de nossa doutrina no mundo abençoado de Campos, o irmão Francisco Muylaert,[13] antigos participantes de nossas reuniões primitivas na Rua do Mafra,[14] amigos do Grupo João Batista,[15] os nossos amigos Inocêncio Noronha e D. Maria Cesarina,[16] os nossos companheiros Aurino Tavares,[17] Ceciliano,[18] Belarmino Neves,[19] João de Deus,[20] que me lançava a bênção paternal, Antônio Pedro Nolasco,[21] nossa inesquecível Dona Mariquinhas,[22] Dona Petite,[23] Amaro Costa Pinto,[24] Auta de Souza,[25] que me enlaçou com

---

[10] Virgílio de Paula, primeiro presidente da Escola Jesus Cristo, amigo de Clóvis e de Nina.

[11] Marcolino Sudário do Amaral fundou, em Campos, a Sociedade Campista de Estudos Espíritas. Citado no livro Trinta anos com Chico Xavier, de Clóvis Tavares, e no livro Cyclo Áureo – História do I Centenário da cidade de Campos (1935).

[12] Médico em Campos, escreveu o livro Amor à verdade, esgotado.

[13] Francisco Muylaert, fundador da Sociedade Campista de Estudos Espíritas.

[14] Rua do Mafra: endereço de D. Didi Arueira, mãe de Nina, onde funcionou, precariamente, a Escola Infantil Jesus Cristo.

[15] Instituição na qual Clóvis iniciou-se nos estudos espíritas.

[16] Maria Cesarina e Inocêncio Noronha: casal português que promovia a Sopa dos Domingos na Escola Jesus Cristo.

[17] Guarda Municipal em Campos. Vide Trinta anos com Chico Xavier.

[18] Ceciliano de Paula Moreira, fiel colaborador da Escola Jesus Cristo, pai de Coralice, até hoje incansável colaboradora de todos os serviços da escola. Vide Trinta anos com Chico Xavier.

[19] Belarmino Gomes Neves foi, segundo o historiador Horácio de Souza, em seu Cyclo Áureo, frequentador do Grupo Espírita João Batista.

[20] João de Deus, poeta português, autor de inúmeros poemas de Parnaso de além-túmulo, psicografado por Chico Xavier e publicado pela Federação Espírita Brasileira em 1932. Dedicou a Clóvis alguns poemas, inclusos no livro Trinta anos com Chico Xavier.

[21] Antônio Pedro Nolasco foi comerciante em Campos. Seus filhos Afonso e Lucide ainda militam nas lides espíritas em São Fidélis e Niterói, ambas no Estado do Rio de Janeiro.

[22] D. Maria dos Anjos, portuguesa, trabalhou incansavelmente na Obra do Berço e na Sopa dos Domingos na Escola Jesus Cristo, desencarnada em 11/07/1983.

[23] D. Antônia Ribeiro Bueno, antiga frequentadora da Escola Jesus Cristo, colaborou em inúmeros serviços com dedicação extremada. Desencarnou em 15/05/1969. Foi mãe de Valdéia, diretora da Casa da Criança por mais de 30 anos consecutivos, e de José Bueno, confrade de Niterói-RJ.

[24] Amaro Costa Pinto: companheiro da primeira hora da Escola Jesus Cristo, pai de Paulo Costa, até hoje um grande colaborador da casa.

[25] Auta de Souza: poetisa potiguar, cujas poesias embelezam a literatura espírita desde o Parnaso de além-túmulo. Dedicou a Clóvis inúmeras poesias contidas no Trinta anos com Chico Xavier. Clóvis foi o organizador, em parceria com Stig Roland Ibsen, da autobiografia Auta de Souza, psicografada por Chico Xavier e publicada pelo IDE, em 1976.

a ternura das mães abençoadas de Deus, os nossos amigos Ramiro Viana,[26] Brasilino,[27] Dona Maria da Conceição[28] e até a Elzinha França,[29] alicerce de nosso instituto ali estava, ao lado de muitos irmãos outros que me acolhiam comovidos, Sr. Otávio[30] e Dr. Rômulo Joviano,[31] me enlaçaram fraternalmente e não pude mais conter o pranto do servidor que regressava ao Grande Lar de mãos vazias...

Este é um detalhe que transmito a você e, consequentemente, aos nossos filhos queridos: Flavinho, Luisinho, Margaridinha e Celsinho,[32] esperando em Jesus que todos se conscientizem das nobres tarefas de que se acham investidos.

Peço ao nosso Rubens sustentar com firmeza de ânimo o nosso plano de trabalho, sem inovações ou aventuras marginais que tantas vezes abalam os serviços doutrinários sem qualquer justificação. A Escola Jesus Cristo é para nós uma bandeira que nos honra a existência aí no Plano Físico e no Plano Espiritual e não podemos esquecer a afirmativa do apóstolo Paulo quando nos assevera: "Jesus Cristo é o vence-

---

[26] Ramiro Martin Viana: confrade campista, fundador do Grupo Espírita Allan Kardec de Campos. Desencarnou em 26/07/1981. Chico Xavier psicografou várias de suas mensagens e na quarta recebida, datada de 21/04/1984, inserida parcialmente neste volume, faz Ramiro várias revelações coincidentes com a presente mensagem.

[27] Brasilino Soares: pescador de Atafona, distrito praiano de São João da Barra, RJ, no qual dirigia a Escola Apóstolo André, filial de nossa Escola Jesus Cristo.

[28] Maria da Conceição residiu em Pedro Leopoldo, MG, em humilde casinha no bairro da Lapinha, onde Clóvis a visitou várias vezes em companhia de Chico. Vide *Trinta anos com Chico Xavier*.

[29] Elzinha França: esse espírito é a criança recém-nascida encontrada e amparada pelos jovens da Mocidade Espírita de Campos, da Escola Jesus Cristo. Apesar dos desvelos e cuidados de médicos amigos de Clóvis, a criança veio a desencarnar alguns dias mais tarde. Algum tempo depois, Chico Xavier revelou que conheceu o espírito de uma professora primária, que se identificou como a criança. Disse Chico que era um espírito de intensa luz. Desde então o Departamento Infantil da Escola Jesus Cristo é chamado "Elzinha França".

[30] Otávio Chrisóstomo de Oliveira foi frequentador da Escola Jesus Cristo e desencarnou em 14/01/1965.

[31] Dr. Rômulo Joviano foi administrador da Fazenda Modelo do Ministério da Agricultura em Pedro Leopoldo, MG, onde Chico Xavier foi escriturário e psicografou, após o expediente, grande parte de seus livros.

[32] Filhos: Margarida, arquiteta, Luís Alberto, médico, Celso Vicente, professor, e Flávio, médico.

dor de ontem, de hoje e para sempre".[33] O mundo está agitado por lamentáveis convulsões de orgulho e vaidade, que não sabemos em que calamidade terrestre se modificarão, e carregamos conosco o pendão do Evangelho que está muito longe de ser ultrapassado.

Querida Hildinha, sofro a nossa separação temporária, mas peço-lhe coragem e fé imbatível na Divina Misericórdia. Saudades tê-las-emos sempre. Aí chorava pelos que me precederam e aqui me aflijo pelos que ficaram. **Creio que a saudade é o metro do amor, determinando os valores da evolução,**[34] já assimilados na vida de cada um de nós, e só pelo trabalho com a oração venceremos. Unimo-nos aí para o desempenho de missão determinada. Esta incumbência segue em meio, conhecendo quanto lhe dói a ausência do companheiro, por vezes áspero e exigente, mas sempre leal e sincero. Não tema. O Senhor nos guiará para os caminhos de que necessitamos. Muitos amigos que esperava encontrar aqui estão aí recorporificados na Terra e, por isso mesmo, entendo que me cabe trabalhar mais e servir mais para merecer, de futuro, o reencontro com seu coração querido e com todos aqueles que se nos fazem objeto da maior afeição. Agradeço aos companheiros que nos partilham o intercâmbio desta hora e formulo votos a Jesus pela saúde e paz, alegria de viver e bom ânimo para servir – dons de Deus que desejo a todos. De outros parentes e amigos traremos notícias oportunamente. Agradeço ao nosso Rubens e à nossa estimada Suzana[35]

---

[33] Hebreus, 13: 8. *Bíblia Online*. Disponível em: <https://www.bibliaonline.com.br/acf/hb/13>. Acesso em: 4 set. 2015. Tema de uma de suas últimas palestras em nossa escola.
[34] Grifo nosso. Essa frase tornou-se antológica na Escola Jesus Cristo, inclusive intitulando esta obra.
[35] Suzana Maia Mousinho, nobre tribuna espírita do Rio de Janeiro e Petrópolis, onde dirige valorosa obra social. É sempre convidada de honra para a palestra de aniversário de nossa escola. Nesse ponto da mensagem, Clóvis faz referência aos comentários elogiosos que recebeu pela passagem do primeiro aniversário da Escola Jesus Cristo, em que ele já estava na Espiritualidade, mas de onde, certamente, acompanhou nossas homenagens daqui.

quanto fizeram nas lembranças de aniversário de nossa querida Escola. Sou grato a todos, sem especificar nomes, pela dificuldade de memória, o que me faria cair na omissão, sempre indesejável. A você, querida Hildinha, agradeço a dedicação aos encargos da Escola. Assiduidade e perseverança são estradas para o êxito nos empreendimentos que venhamos a abraçar. A sua presença na Escola é a minha própria presença. Agradeço ao Flavinho a generosidade da companhia que se decidiu a fazer-nos e, porque não posso ser mais extenso, receba querida Hilda, o próprio coração do seu pobre servidor e companheiro de ideal, sempre pobre, mas sempre seu,

Clóvis, Clóvis, Clóvis, Clóvis[36]

(Mensagem psicografada em reunião íntima, na noite de **29 de novembro de 1984**, na residência do médium, estando presentes a viúva Hilda Mussa Tavares, Rubens Fernandes Carneiro e Nely Amorim Fernandes, companheiros de Campos, Suzana Maia Mousinho e Inaiá Lacerda, do Rio de Janeiro, e Weaker Batista e Zilda Batista, de Uberaba. Está inserida no livro *Caravana de amor*, de Francisco Cândido Xavier, por espíritos diversos, organizado por Hércio Arantes, IDE, 1985).

---

[36] Papai assinou quatro vezes a mensagem como que a desejar provar a sua identidade. Reproduzimos nas p. 320-321 deste volume os *fac-símiles* do trecho final de sua primeira comunicação e a cópia de sua assinatura para comparação do leitor. Sobre o tema, Carlos Augusto Perandréa escreveu o livro *Psicografia à luz da Grafoscopia* (FE EDITORA, 1991), no qual analisa, grafotecnicamente, as assinaturas de vários espíritos em cartas psicografadas pelo médium Francisco Cândido Xavier.

– *O casal Hilda e Clóvis Tavares*

Uma boa notícia

Acredito que papai nos trouxe uma excelente notícia da pátria espiritual. Não apenas a prova cabal de sobrevivência, mas comunicações de conteúdo doutrinário em sua essência. O primeiro destaque é o de sua admiração por estar vivenciando, como desencarnado, a experiência mediúnica que ele tanto estudou. De fato, ver o reverso do fenômeno será uma experiência ainda mais surpreendente para quem conhece seus pormenores.

A carta é uma notícia de sua chegada à dimensão do espírito. Sobre a sua convalescença, pode-se extrair algumas conclusões: é um período de insegurança e de resgate da memória. Algo como a convalescença de um traumatismo craniano. Assisti a um belo filme com Harrison Ford – "Uma segunda chance" –, em que ele, um advogado tão bem--sucedido quanto corrupto, sofre a sequela neurológica de um tiro na nuca. O longo período de recuperação lhe traz muita insegurança e um esforço enorme para recuperar a memória e toda a sua capacidade cognitiva, o que suscita a ajuda de uma fonoaudióloga e de um fisioterapeuta. A carta de meu pai nos dá a sensação de que há fonoaudiólogos e fisioterapeutas entre os espíritos que assistem aos recém-de-sencarnados. Apenas destaco que o tempo de recuperação na vida espiritual está diretamente proporcional à vontade e ao entendimento do recém-desencarnado. Contudo, papai teve necessidade de, como muitos espíritos demonstram em suas mensagens, estar ainda com os familiares antes do funeral. Acompanhou a visita de muitos amigos que foram lhe prestar as últimas homenagens no templo de nossa escola.

Naquele 13 de abril, uma sexta-feira, eu saíra mais cedo do consultório. Eu me tornara pai havia apenas uma semana e ficava ansioso para chegar em casa para ver de novo o meu filho Pedro. Inexplicavelmente, fiz um caminho colateral e fui primeiro ver o meu pai, já que a minha mãe me avisou pelo telefone que ele tivera uma indisposição gástrica à tarde. Quando lá cheguei, percebi que o que se passava era mais que uma dispepsia, e providenciei, junto ao seu clínico-geral, o nosso irmão e confrade Dr. Jayme Faria, a sua internação. Acompanhei-o até à sala de Raio-X, junto de meu irmão Celso, e fiquei ao lado de meu pai, ora segurando-lhe as mãos, ora vigiando a sua respiração, que me parecia bastante débil. O nosso estimado Dr. Jayme, após a realização do exame, diagnosticou a parada cardíaca e lhe impôs algumas massagens de reanimação cardiorrespiratória. Certificando-se de que não havia resposta, saiu para as providências habituais e eu, como a não admitir intimamente que fosse o momento da desencarnação de meu pai, mesmo vendo o choro convulsivo de meu irmão Celso, retomei as massagens, mas foi em vão, o corpo estava frio e o coração, inerte. A última diástole prolongou-se e descansaram para sempre aquelas fibras miocárdicas. E nessa exata hora meu pai, segundo ele nos conta, estava em oração: "(...) Compreendi, na oração muda que consegui formular (...)".

A sua passagem para o mundo espiritual deu-se em prece! Conheço muitas descrições da hora extrema e posso afirmar que poucos casos encontrei, na literatura espírita, uma narrativa da hora extrema em estado de oração. Morrer rezando certamente deve ser uma experiência singular, pois assim o fez o nosso Mestre: "Pai, nas Suas mãos entrego o meu espírito".[1]

Os momentos parecem horas – o tempo psíquico tem uma dimensão muito maior que o tempo cronológico. O processo do morrer confunde dois fenômenos estudados atualmente pelos médicos que tratam de doentes terminais, como a médica americana Dra. Elizabeth Klüber-Ross,[2] e por médicos espíritas, como a brasileira Dra. Marlene Nobre.[3] Os instantes que precedem a ruptura dos laços magnéticos entre o corpo físico e o espiritual são conhecidos por muitos médicos como "Experiência Quase Morte", que em inglês tem a sigla NDE. Nessa experiência, o quase desencarnante vê parentes e amigos desencarnados e pode estabelecer contato verbal com eles. O fato interessante é que apesar de ainda no corpo o espírito não consegue mais fazer contato

---

[1] Lucas, 23: 46. *Bíblia Online*. Disponível em: <https://www.bibliaonline.com.br/acf/lc/23>. Acesso em: 4 set. 2015.
[2] KLÜBER-ROSS, Elizabeth. *Sobre a morte e o morrer*. São Paulo: Martins Fontes, 1985.
[3] NOBRE, Marlene. *Nossa vida no além*. São Paulo: FE Editora, 1998.; NOBRE, Marlene. *O clamor da vida* – Reflexões sobre o aborto intencional. São Paulo: FE Editora, 2000.

com os encarnados, embora perceba as ocorrências desta dimensão. Esse fenômeno é quase o mesmo que ocorre com certa frequência com muitos de nós, encarnados, geralmente no início da noite ou antes de acordar, que é o que se chama "Experiência Fora do Corpo", ou, na sigla em inglês, OBE. A NDE e o OBE, embora sejam fenômenos distintos, podem ocorrer simultaneamente, nos momentos que antecedem a desencarnação.

Uma coisa é certa: quem mantém uma sintonia com a Espiritualidade durante a sua vida pode pressentir com tranquilidade e paz o momento da "crise da morte", para usar a expressão de Bozzano. Papai a isso se refere quando diz que sentia havia alguns dias a "presença de pensamentos que 'o' induziam a refletir no término de 'sua' oportunidade na Terra..."

Recordo-me de que quando Aírton Senna, o nosso tricampeão de Fórmula 1, desencarnou, a televisão mostrou como ele estava diferente nas filmagens da véspera e nos instantes que precederam a corrida. Pensativo, parecia melancólico. Fora visitar o colega a quem havia socorrido nos testes da véspera. Antes da corrida, foi surpreendido taciturno e sombrio por alguns *papparazzi*. Que estaria a pensar? Possivelmente, sentia o que meu pai sentiu, quando expressou-se:

> "(...) Conquanto sentisse, desde alguns dias, a presença de pensamentos que me induziam a refletir no término de minha oportunidade na Terra (...)".

Obviamente, espíritos que associam o hábito da oração e a busca do esclarecimento espiritual, sem olvidar o exercício de amor ao próximo, garantem um nível de consciência maior no momento do transe dimensional. E papai transpôs o grande portal resignado, consciente e confiante na Providência Divina:

"(...) Sabia que o desamparo não existe e me rendi aos desígnios do Senhor, conquanto, no íntimo, quisesse persistir na tarefa (...)".

A ideia da desistência deve ser a última prova da vida. Se lutamos toda uma existência, não podemos abandonar a luta no fim. Todavia, disse Clóvis: "(...) era preciso dobrar a cerviz e aceitar os alvitres da Espiritualidade Maior (...)".

Papai teve um sono curto, mas foi o bastante para despertar no colo de meu irmão Carlinhos, observar que estava na Escola Jesus Cristo, perceber o grande afluxo de amigos que foram lhe render as últimas homenagens e volitar com a ajuda de seus irmãos e de seu pai, quando foi novamente induzido ao sono para a nova viagem. Permaneceu algum tempo no ambiente espiritualizado que se impôs durante o tempo em que o seu corpo permaneceu na Escola Jesus Cristo. Durante esse intervalo de tempo, afirmou ele que não conseguia ainda permanecer na posição ereta:

"(...) Não consegui verticalizar-me naquela hora, entretanto, antes que a minha roupa estragada pela morte fosse restituída à natureza, fui conduzido para fora do recinto que a amizade povoara de corações amigos e queridos. (...)"

Há aqui total concordância com a mensagem do amigo campista Ramiro Viana, psicografada pelo nosso Chico no Grupo Espírita da Prece, em 27 de abril de 1984, catorze dias, portanto, da desencarnação de meu pai. Diz Ramiro:

"Acompanhei o nosso querido amigo Clóvis no desprendimento da vida física. Muitos amigos seguiram de perto aquele adeus iluminado de amor. Ele, abençoado pelas orações e lágrimas de nossa estimada irmã Hilda, retirou-se sem esforço. A parada cardíaca não mais lhe permitiria sua existência normal, e do Mais Alto veio a bênção que todos os companheiros reunidos solicitavam. Desfrutava o Clóvis o direito de se desvencilhar do corpo que não mais o servia e poderia afastar-se sem qualquer sofrimento de uma vida em que ele sempre se deu em nome do Cristo, à obra do Cristo que ele amou acima de tudo. Despedi-me dele, com outros amigos, enquanto ele ainda dormia na vigília da Escola Jesus Cristo, que ele construiu e honrou enquanto esteve entre os homens. Vimo-lo entregue ao pai, o amigo Vicente, e aos irmãos Nuno e Aluízio, e retornamos comovidos, a fim de orar agradecendo ao amigo querido tudo que ele nos deu sem pensar nele primeiro".

Vamos, assim, às concordâncias:

- a citação da ajuda de minha mãe em oração;

- a referência de meu pai à "roupa estragada" e o termo empregado por Ramiro – "desvencilhar-se do corpo que não mais o servia";

- o fato de ter permanecido por um tempo na vigília de oração realizada na Escola Jesus Cristo é outra concordância em mensagens tratando do mesmo assunto, a desencarnação de meu pai, e com sete meses de intervalo. Considerando-se que nesses 7 meses muitos outros assuntos povoaram a mente do nosso Chico, é absolutamente improvável que ele memorizasse os detalhes, pois, nesses casos, ele entrega o original psicografado à família;

- é importante ainda destacar que Ramiro observou que meu pai permaneceu a maior parte do tempo em sono reparador;

- e o último detalhe, o fato de ter-se somente podido elevar-se em volitação com a ajuda dos irmãos e do pai.

São esses os detalhes que fazem de nosso querido Chico Xavier um caso singular na historiografia da mediunidade mundial.

Durante seis meses, papai ficou em companhia de espíritos amigos, talvez numa colônia de repouso e refazimento espiritual. Nesse período, ele pôde visitar-nos em nossa casa de Campos e à Escola Jesus Cristo. Pôde confortar o seu coração, sabendo que eu, a Rosane, minha esposa, e o Pedro estávamos morando com a minha mãe. Ficou também aliviado ao saber que a Direção Doutrinária da Escola Jesus Cristo estava a cargo de seu amigo Rubens Fernandes. E nós, os seus familiares, também agradecemos ao nosso companheiro Rubens por reconhecer que a sua fidelidade ao trabalho de Clóvis foi motivo de seu alento espiritual. Confortar um desencarnado é tarefa das mais nobres neste mundo!

Após os seis meses, sentindo-se restaurado para o trabalho, como ele mesmo diz, *"(...) rendi-me aos desígnios do divino Mestre, que me chamava para o trabalho ativo (...)"*. E seu primeiro grande reencontro dá-se na sua visita a uma instituição, que ele conhecia muito bem: a Escola Jesus Cristo! Mas era uma escola localizada na dimensão do espírito! Era uma outra escola, que funcionava, segundo o Chico nos confidenciou particularmente, na cidade de "Nosso Lar". Mais precisamente, fica nas dependências do Ministério do Auxílio.[4] Como era de seu temperamento, ocupou meu pai, com seus irmãos, os assentos terminais, recordando-se da alegoria dos convidados que ocuparam os primeiros lugares

---

[4] Ver *Nosso Lar*, psicografia de Francisco Cândido Xavier, pelo espírito André Luiz, edição comemorativa pelos 1.500.000 exemplares, FEB, Rio de Janeiro, 2003.

e foram constrangidos a ir para os últimos.[5] De seu assento, revê seu grande amigo Virgílio de Paula, que dirigia um coro de vozes selecionadas, possivelmente para uma noite festiva.

As semelhanças entre a nossa escola de Campos e a nossa matriz espiritual são significativas, pois o nosso coro chama-se Coral Virgílio de Paula, dirigido pela professora Alcídia Perez Pia, tia de nosso confrade Dr. Gilberto Perez Cardoso, que tanto abrilhantou a literatura espírita, escrevendo em parceria com o saudoso Newton Boechat.[6]

A seguir, relata na mensagem os nomes de companheiros que nós todos desconhecíamos, pois eram do início do século XX. Nem na obra *Trinta anos com Chico Xavier* encontramos referências a eles. Companheiros da fundação da Escola Jesus Cristo desconheciam Marcolino Sudário do Amaral, por exemplo. Na busca, encontramos o livro *Cyclo Áureo*, de um historiador de Campos, o Sr. Horácio de Souza,[7] que o escreveu em recordação ao centenário da emancipação da vila de Campos a município, que ocorreu em 1935. Ali ele cita os primeiros espíritas da cidade. Encontramos, então, o Sr. Marcolino Sudário do Amaral.

Quem é este médium? Quem é esta antena maravilhosa, verdadeira antena do espírito, que capta a verdade cristalina, de modo tão surpreendente? Repetimos, a respeito de Chico Xavier, a pergunta que foi feita em relação a Jesus: *"Quem é este, pois?"*[8]

---

[5] Lucas, 13. *Bíblia Online*. Disponível em: <https://www.bibliaonline.com.br/acf/lc/13>. Acesso em: 4 set. 2015.
[6] G. P. Cardoso e Newton Boechat, *Na plenitude dos tempos, Aquém e além da fronteira de cinzas* e *Do átomo ao arcanjo*, edições dos autores, Rio de Janeiro.
[7] SOUSA, Horácio de. *Cyclo Áureo*. (1935). Reimpressão. Editora Damadá,1984.
[8] Mateus, 21: 10. *Bíblia Online*. Disponível em: <https://www.bibliaonline.com.br/acf/mt/21/10+>. Acesso em: 4 set. 2015.

Há muitas estórias pitorescas em nossa escola. Uma delas ocorreu com o "Seu" Ceciliano Moreira, citado no texto da mensagem. Era um carroceiro, que fazia frete. Um domingo de manhã, passando na Rua do Gás, escutou Clóvis a pregar. E pensou: "Quem é este que fala desse modo tão contagiante?" Entrou para escutar melhor e nunca mais saiu de lá. Sua filha, Coralice, foi desde pequena e permanece até hoje conosco, há mais de 60 anos!

Outra figura legendária é a D. Mariquinhas, portuguesa emigrada para o Brasil ainda jovem, que deixou a rigidez da ortodoxia católica portuguesa para dedicar-se à caridade na Escola Jesus Cristo. Ela não logrou aprender as letras. Mas foi um exemplo de amor e de trabalho em favor das crianças carentes. Ela tinha uma preocupação muito grande com a alimentação do meu pai. Como ele chegava aos domingos na escola por volta de seis horas da manhã, e só saía depois do meio-dia, ela costumava oferecer-lhe leite com bolachas às 9 e meia, pois às 10 ele fazia a palestra. Quantas vezes eu a vi dizer a ele no intervalo entre as aulas e a pregação: "Shu Clóbx, beba um leitchinho, coma umax bulachax!" Ela se fazia sempre acompanhar de outra velhinha bondosa: a D. Candinha, Maria Cândida, esposa do Sr. Bonifácio de Carvalho, também citado na carta espiritual. Eram genitores do escritor José Cândido de Carvalho, da Academia Brasileira de Letras, autor de obras notáveis, como *O coronel e o lobisomem*, que já foi produzido pelo cinema.

Não posso esquecer-me da saudosa D. Petite, médium valorosa de nosso Grupo Emmanuel, o departamento mediúnico de nossa escola. D. Petite foi companheira da primeira hora. Ali criou os seus filhos José e Valdeia. Valdeia Bueno foi diretora da Casa da Criança por mais de 30 anos. Quando Chico Xavier visitou a Escola Jesus Cristo, em 1967, ela não ousou chegar perto do médium. Mas ele a avistou de longe e disse: "Petite, venha cá me dar um abraço!".

Nota-se também a presença de espíritos já conhecidos pelo público espírita brasileiro, como Auta de Souza e João de Deus. Na sua prolongada amizade com o Chico, meu pai teve acesso à vida familiar do médium mineiro durante 50 anos. Em todas as viagens que meu pai fazia a Pedro Leopoldo, e depois a Uberaba, hospedava-se na casa dele. E sempre trazia uma caderneta, na qual anotava detalhes de suas conversas com Chico, recomendações de Dr. Bezerra, de Emmanuel, que prefaciou vários de seus livros infantis, de João de Deus e de Auta de Souza. Essas anotações eram registradas em taquigrafia e outros códigos que nem sempre são fáceis de ser decifrados. Recomendo aos que se interessarem pelos relatos desse convívio maravilhoso a leitura de *Trinta anos com Chico Xavier* e de *Amor e sabedoria de Emmanuel*.[9]

Reproduzo aqui a carta que minha mãezinha Hilda escreveu quando retornou de Uberaba, ainda envolvida na emoção intraduzível desse verdadeiro contato imediato de terceiro grau:

Agradecimento

Francisco Cândido Xavier, amigo de Clóvis desde 1935, presidente honorário da Escola Jesus Cristo, consagrado médium de nosso país, e cuja amizade a Clóvis transcende o plano físico, o tempo e alcança os horizontes ilimitados da eternidade.

---

[9] TAVARES, *op. cit.*

Nossos corações voltados para Deus rogam ao Senhor Supremo que conceda ao Chico as bênçãos do Seu amor pela mediunidade-missão que vem vivenciando há mais de 50 anos e pela autenticidade que nós, familiares de Clóvis, confirmamos estar envolvendo todo o teor da mensagem ora publicada. As palavras, a construção das frases, com propriedade e humildade, as recomendações sempre oportunas, o amor e a obediência a Jesus, a fidelidade à Doutrina, que sempre lhe marcaram a existência, estão transparentes na mensagem. Isso confirma a autenticidade da mediunidade de Chico. Os nomes históricos, as circunstâncias da desencarnação que o médium desconhecia, os últimos momentos na Terra, tudo isso nos tocou profundamente. E não poderia ter sido de outro modo, pois a Escola Jesus Cristo hoje, apesar da ausência de nosso orientador, ajoelha-se diante do Mestre para rogar por Chico e por Clóvis as bênçãos da alegria do dever bem cumprido. E recordando Clóvis, que sempre citava Paulo: "Eu sei em quem tenho crido e guardo a certeza de que ele é poderoso para guardar o meu depósito até o dia final" (2 Timóteo, 1: 12).[10]

Hilda Mussa Tavares

---

[10] 2 Timóteo, 1: 12. *Bíblia Online*. Disponível em: <https://www.bibliaonline.com.br/acf/2tm/1/2+>. Acesso em: 4 set. 2015.

– Nina Arueira

Não compreendo
que possa existir pobreza
diante do Cristo

Querida Hilda,

Peço a Jesus nos abençoe junto aos amigos que nos acolhem com a amizade de sempre, reunindo você e as nossas companheiras de viagem, nossa Ruth[1] e nossa Gilda,[2] em minhas vibrações de paz e reconhecimento.

[1] Ruth Oliveira Monteiro foi professora de Educação Física na Escola Técnica Federal de Campos e de *O Evangelho segundo o Espiritismo* na Mocidade Espírita Maria Zenith Pessanha, da Escola Jesus Cristo. Foi uma fiel companheira de minha mãe, acompanhando-a, incondicionalmente, a Uberaba, sempre que necessário. Desencarnou em 16/06/1987, em acidente automobilístico.
[2] Gilda Duncan Tavares, professora de Desenho do Liceu de Humanidades de Campos, diretora do Instituto Allan Kardec, escola regular de ensino primário, que funcionou nas dependências da Escola Jesus Cristo de 1964 a 1971. Diretora do Clube da Fraternidade, onde representou e dirigiu saudosas peças teatrais, que muitos de nós tivemos a ventura de assistir. Desencarnou em 01/07/2003, em plena atividade na Escola Jesus Cristo.

Agradeço todas as suas reflexões do silêncio em torno do seu Clóvis e sou profundamente grato ao seu culto de amor inextinguível.

Nossos filhos estão aí, confirmando a felicidade que nos uniu, e hoje, véspera do Dia dos Pais, presto homenagem a você, mãezinha devotada e valorosa de todos eles, que permanecem na minha ternura e gratidão.

Você tem agido nas tarefas de nossa Escola e a sua sede de maior extensão de temas evangélicos é igualmente minha. Felicito-me vendo todos os amigos, a partir de nosso Rubens, consagrados à revivescência da Boa Nova em nossa instituição e, particularmente, rejubilo-me com as suas atividades conjugadas às de nosso Celsinho para que as lições de Jesus e do Cristianismo apostólico sejam reavivadas em nossa Escola de paz e de amor.

Quanto mais se desdobra o tempo mais intensamente reconheço o imperativo dos ensinamentos de Jesus, não só na nossa querida Escola, mas em todos os lugares atingidos pelo clarão imortal de nossos princípios renovadores.

Não desprezo a ciência, porque isso seria um contrassenso em minhas atitudes, mas encareço a necessidade de harmonização da criatura humana com a elevação, a responsabilidade e a fé no Amparo Divino, que o homem não pode menosprezar sem graves consequências, sobretudo nos setores da educação.

Sensibiliza-me o esforço dos grandes membros e amigos da humanidade, convidando os nossos irmãos para a convivência com o Divino Mestre, sem que eles, os nossos irmãos, de modo geral, se abalancem a fixar a atenção na bússola do sentimento religioso, o único suscetível de conciliar-nos com as leis do Universo e da Vida.

A robotização dos processos educativos, induzindo as crianças, tanto quanto os jovens e adultos, à ausência do trabalho nas leiras do amor ao próximo, é capaz de acentuar a influência do materialismo negativista e destruidor em nossas fileiras, exterminando preciosas promessas de ação para o levantamento do mundo melhor.

Rogo ao Rubens e a nossa estimada Ruth Maria,[3] nossos devotados companheiros, incentivarem as palestras evangélicas em que os corações se preparem para a era nova sem a hipertrofia da inteligência, ruinoso método de acender a fatuidade e o separatismo entre aqueles que foram convidados a honorificar o Senhor com as suas palavras e com suas próprias vidas.

Teorizações estéreis não faltaram no tempo do Cristo entre os homens. Gregos e romanos se conjugavam em afirmativas que a Idade Média sepultou em montes de cinza. E desses montes de cinza emergiram, sempre mais claras e mais construtivas, as instruções do inesquecível Nazareno, começando da Renascença, em alvoradas de esperança e grandeza, e culminando até o nosso século de conflitos que, sem qualquer ofensa ao progresso, ser-nos-á possível considerar por desumanos.

Todos os movimentos que tendem a enquadrar os esclarecimentos espíritas-cristãos e as atividades mediúnicas em investigações descabidas, embora a riqueza palavrosa com que se manifestam, apenas significam esquecimento das aquisições espirituais do mundo cristão que continua rogando trabalho, solidariedade, apaziguamento e confiança em Deus e em Suas leis.

---

[3] Ruth Maria Chaves Martins era professora de Literatura da Faculdade de Filosofia de Campos e da obra de André Luiz nas salas de aula da Escola Jesus Cristo, onde também tornou-se palestrante, a convite do meu pai, poucos meses antes de sua desencarnação.

Se dispomos de caminho laboriosamente construído pelos cristãos de todas as épocas – caminho para o nosso encontro com o Divino Emissário do "amai-vos uns aos outros" – por que havemos de gastar tempo e serviço nos empreendimentos marginais que pretendem edificar avenidas de luxo no conhecimento humano? Com o fim, embora, de alcançar a estrada certa para as convicções consoladoras, enriquecendo a doutrina de luz, complicam as sendas de evolução para milhares de pessoas que se apoiam na oração e na fé para se realizarem no melhor que são capazes de fazer.

Por que uma preleção sobre as galáxias para grande número de nossas irmãs que lutam nobremente pela sustentação da vida familiar, quando no momento o que solicitam é esperança e reconforto para se manterem fiéis aos compromissos assumidos?

Por que favorecer evidente elitismo entre nossos companheiros, quando todos eles sentem fome de apoio na fraternidade real para se sentirem úteis?

Nunca nos foi possível a discriminação entre ricos e menos ricos ou entre pessoas virtuosas e aquelas julgadas distantes das qualidades espirituais que embelezam as almas.

Quando me refiro aos "menos ricos" é porque **não compreendo possa existir pobreza ou penúria diante do Cristo** de Deus. Os chamados pobres serão realmente pobres ou somos nós, os mais ricos de conhecimento, que lhes sonegamos a herança de socorro e amor que lhes compete no inventário dos bens que Jesus nos legou?

Essas indagações me afloram ao pensamento, examinando as suas aspirações e as do Celsinho no sentido de se intensificar a evangelização autêntica em nossa instituição de luz e vida.

Com esses enunciados, desejo a você e aos nossos filhos dedicados à obra do Senhor o êxito desejável nessa recomposição de valores adentro de nossa casa, que pertence à escola de Jesus Cristo, com Jesus Cristo na cátedra dos corações.

Continuo trabalhando e agradeço ao Senhor a bênção de prosseguir na vida espiritual num vasto esquema de ação que não me concede tempo a divagações.

Aos nossos filhos, o abraço do Carlinhos e o meu próprio, com os nossos votos de paz e alegria em auxílio a todos.

A nossa querida mãezinha Dona Maria chegou até nós escoltada pela legião de afetos que ela soube cultivar e prossegue no tratamento que lhe agracie com a recuperação completa.[4]

A você e aos nossos filhos reitero as minhas saudades, mas sem que essas saudades signifiquem lamentação ou inércia, porque, na essência, são desafios para trabalharmos mais com o melhor de nossas limitações e possibilidades pela vitória do bem e da luz em todos os corações.

Saudando as nossas irmãs Ruth e Gilda com os nossos melhores votos de paz, rogo a você receber a confiança no imenso amor do seu, sempre seu companheiro e servidor muito grato de todos os dias,

Sempre seu,

Clóvis

---

[4] Maria Chacur Mussa, minha saudosa avó materna. Libanesa de nascimento, emigrou para o Brasil na década de 20, na companhia do marido, meu avô Nagib Mussa, homem simples, bondoso e amigo de todos, professor de francês e de árabe, poeta diletante e jornalista amador, que deixou, inacabado, um dicionário árabe-português. Os dois trabalharam na confecção de camisas masculinas, mas não constituíram nenhum patrimônio nesta vida, pois viveram o que eu chamaria de desapego incomum.

(Mensagem psicografada na noite de **9 de agosto de 1986**, em reunião pública no Grupo Espírita da Prece, em Uberaba, MG, estando presentes as professoras Gilda Duncan Tavares e Ruth Oliveira Monteiro, de Campos, RJ. Inserida no livro *Vozes da outra margem*, de Francisco Cândido Xavier, por espíritos diversos, organizado por Hércio Arantes, IDE, 1987.)

– Nina Arueira

– Clóvis Tavares entre as jovens Dorothy e Celme

Teorizações estéreis

"A categoria do espírito se reconhece por sua linguagem:
os verdadeiramente bons e superiores têm-na sempre digna,
nobre, lógica, imune de qualquer contradição, ressumbra
sabedoria, modéstia, benevolência e a mais pura moral."
— *Allan Kardec* | O Céu e o Inferno

Sendo meu pai, *a priori*, um evangelizador, tinha uma determinação: transmitir às gerações que ficariam à frente da Escola Jesus Cristo a sua forma de entender e vivenciar o Espiritismo.

A nossa escola nasceu como uma comunidade cristã primitiva. O senso de irmandade, a fraternidade, a sinceridade sempre foram um ideal de papai nas relações interpessoais em nossa casa de estudos. Ele costumava agir paternalmente, orientando e dando a todos a certeza que ele mesmo possuía do amor incomensurável de Jesus por todos nós. Essa sua segunda mensagem nos leva a considerar que a sua determinação de evangelizar o seu rebanho atravessou a barreira da luz da vida e persistiu na Espiritualidade.

Essa mensagem de meu pai denota um notável câmbio de seu mundo emocional. Dissipou-se parcialmente das preocupações naturais para conosco, que demonstrou na sua primeira missiva. Reintegrou-se ao verdadeiro Clóvis, orientador espiritual de muitas almas que aqui ficaram, perplexas com a sua partida, suscitando novas diretrizes para a manutenção do trabalho por ele iniciado. Reassumiu sua personalidade de professor, daquele professor que sente a angústia e o medo de seus pupilos e sustenta o seu ânimo e a sua vontade, despertando-lhes o verdadeiro entendimento.

Recordo-me que em minhas conversas com ele tinha oportunidade de tocar em assuntos vários da história do mundo. Era seu tema predileto para a livre conversação. Meu pai nunca jogou conversa fora. Se eu e meus irmãos estávamos a conversar amenidades, ele sempre nos advertia, refazendo a pergunta de Jesus aos discípulos no caminho de Emaús, após a Ressurreição: *"Que palavras são essas que, caminhando, trocais entre vós?"*[1] Ele considerava que a oportunidade de se trocar palavras era uma dádiva de Deus e não cogitava da possibilidade de que alguém se decidisse voluntariamente a desperdiçar o tempo e o ensejo de uma palestra edificante. E eu acostumei-me a ter com ele prolongadas conversações, quando ele, na medida em que observava o meu interesse, compensava-me com uma revelação ouvida em Uberaba, guardada para um momento especial.

---

[1] Lucas, 24: 17. *Bíblia Online*. Disponível em: <https://www.bibliaonline.com.br/acf/lc/24/17+>. Acesso em: 4 set. 2015.

Foi assim que um dia, escutando um disco compacto[2] com músicas em francês, pedi a ele: "Papai, posso começar a aprender o francês? Achei tão bonita essa língua!" Ao escutar isso, ele foi ao seu escritório e voltou com uma pequena caderneta, com várias anotações de suas conversas com Chico, de sua última viagem a Uberaba, e mostrou-me uma página, onde se lia: *"Esperar o Flávio interessar-se pelo estudo do francês"*. E nossa vida cotidiana era repleta dessas demonstrações da comprovação da veracidade do fato mediúnico e do fato da sobrevivência da alma após o desenlace físico.

Retornando ao tema das conversações históricas, muito escutei sobre a Revolução Francesa, sobre as Gálias, sobre Roma, sobre a Índia, sobre o Egito e sobre a Grécia, sempre arrolando os fatos históricos entrevistos pela realidade espiritual. Falou-me sobre o primeiro plano de Deus, de que Jesus deveria ter nascido nas Gálias. Esse projeto modificou-se devido à contaminação genética romana na área. Contava coisas sobre Tutancamon, Cícero, sobre Sidharta Gautama, o Buda, conectando a história desses povos à história que conhecemos, de nossa tradição judaico-cristã.

Sobre a história contemporânea, divagava ele sobre as possibilidades que se apresentavam para o nosso ambiente humano e tudo o levava a crer que os conflitos mundiais não seriam mais pesados pelo fiel da "Economia", mas pelo

---

[2] Era feito de vinil, com duas faixas – conhecido como *single* –, ou com quatro, conhecido como duplo. *O Long Play* (LP) tinha, geralmente, doze faixas. "(...) A partir do final da década de 1980 e início da década de 1990, a invenção dos *compact discs* (CD) prometeu maior capacidade, durabilidade e clareza sonora, sem chiados, fazendo os discos de vinil ficarem obsoletos e desaparecerem quase por completo no fim do século XX. (...) A produção retornou em 1 de janeiro de 2010 com a abertura da gravadora Polysom para atender ao mercado de DJ's, colecionadores e audiófilos insatisfeitos com a qualidade sonora do CD. Muitos audiófilos ainda preferem o vinil por ser um meio de reprodução sonora bem mais fiel e o seu tempo de vida útil ser bem maior que o do CD (...)". Compulsado da Wikipedia. Disponível em: < https://pt.wikipedia.org/wiki/Disco_de_vinil>. Acesso em: 13 set. 2015.

fiel "étnico-cultural". E dizia e repetia, com a sabedoria de quem fala daquilo que conhece profundamente pela experiência: *"Não há maior ódio no mundo que o chamado odium teologicum!"*.

Muitas vezes ele previu que a ideia socialista corria um grave risco de desaparecer num mundo que se tornaria cada vez mais individualista. E dizia isso apontando para o movimento começado por Kruschev, na então União Soviética, da qual ele não assistiu o desmoronamento, e dos caminhos capitalistas da revolução cultural na China na era pós-Mao Tsé-Tung.

Quando ele desencarnou, pensei muito nessas nossas divagações e dizia de mim para comigo: "Estaremos agora como uma China sem Mao?"

Divisando ele do lado de lá, a nossa realidade, da ultrarrealidade onde passou a viver após a desencarnação, logrou dos mentores espirituais esse intercâmbio magnífico. De tal intercâmbio, pode-se reconhecer, como tema central, o Evangelho vivo na Escola Jesus Cristo!

Clóvis Tavares atuou diretamente de sua esfera espiritual reafirmando suas diretrizes, agradecendo à minha mãe e ao meu irmão Celso por estarem trabalhando no ensino das palavras de Jesus. Mamãe restaurou na Escola Jesus Cristo, tão logo meu pai desencarnou, com a aquiescência de nosso Rubens, o Curso do Novo Testamento, onde se estuda a Boa Nova inteira. Esse curso continua a existir de modo ininterrupto desde 1984. Celso, à sua vez, assumiu a classe dos jovens e ensinou a eles a gostarem da Bíblia. Dava aulas práticas sobre como procurar um livro na Bíblia, de como fazer referências bíblicas corretamente, oferecendo àquela juventude uma cultura religiosa pouco comum no meio espírita. E, certamente, seu pai pôde observar essas atitudes e estimulá-las. É importante esclarecer que esses detalhes da vida íntima de nossa escola nunca foram do conhecimento do médium, que, obviamente, não podia ocupar a mente com as questões internas de todos os grupos espíritas do país.

Continuando a sua ação diretora sobre a linha mestra espiritual de nossa casa, sempre solicita de nosso companheiro Rubens e da professora Ruth Maria temas de natureza evangélica e consoladora:

> "(...) Quanto mais se desdobra o tempo mais intensamente reconheço o imperativo dos ensinamentos de Jesus, não só na nossa querida escola, mas em todos os lugares atingidos pelo clarão imortal de nossos princípios renovadores. (...)"

O tempo, essa quarta dimensão de um universo novo, que desponta com a nova Física dos buracos negros, das sub-partículas quânticas e das supercordas, está nos evocando o retorno às concepções evangélicas. Essas concepções são simples, sem ser simplórias! É mais que fundamental que os grupos espíritas se interessem pela revivescência cristã não apenas no estudo do Evangelho, mas também no exercício do amor ao próximo.

Li certa vez um artigo de Ziraldo no *Jornal do Brasil* logo após a desencarnação de Herbert de Souza, o Betinho, fazendo uma autocrítica à atuação dos grupos de esquerda durante a ditadura militar. Dizia que eles se preocupavam com a luta armada, mas os espíritas e as ordens vicentinas católicas, mas principalmente os espíritas, levantaram a bandeira da caridade no Brasil, com o assistencialismo tão criticado na época. Perguntava o cartunista que se não fossem os *assistencialistas* como o pobre teria sobrevivido numa época em que os governos pouco se importavam com a fome? Numa época que falar de fome abria uma possibilidade de suspeição, esses valorosos espíritos, empunhando o bordão do Evangelho, valorizaram, acima de tudo, o ser humano!

Preocupa-se meu pai também com a elitização de alguns ambientes espiritistas, nos quais se privilegia o intelectualismo. Os estudos da Uranografia Geral são importantes no meio espírita, uma vez que fazem parte da Codificação, todavia merecem uma clientela própria de um grupo de estudos aprofundados, que não deve perder a perspectiva do serviço humilde. Não devem, entretanto, os estudos da Cosmologia ser objeto de uma palestra para o grande público, que está ali para escutar a doutrina do Consolador. Consola-se com o sentimento e com o coração, não com a razão e com o cérebro!

É isso que pede meu pai: "(...) Não desprezo a ciência porque isso seria um contrassenso em minhas atitudes (...)".

E mais adiante:

> "(...) Por que uma preleção sobre as Galáxias...quando o que solicitam é esperança e reconforto. (...) Por que favorecer evidente elitismo (...) quando todos sentem fome de apoio na fraternidade real (...)?"

Denominou essa onda de filosofismo em nosso meio de **teorizações estéreis**. Disse que existem desde o tempo de Jesus. Muitos dos seguidores do Cristo dividiram-se porque uns consideravam-no um Deus, outros, um homem. Uns teorizavam sobre se Jesus era perfeito ou perfectível. Outros se seria real ou uma emanação divina. Outros ainda passaram a discutir não somente sobre Jesus, mas sobre a intimidade doméstica de sua mãe, como se fosse nosso direito conhecer a privacidade de Maria.

Recordo-me de que papai considerava toda essa verborreia, em primeiro lugar, um *desrespeito*! Com que direito invade-se o lar de Jesus e questiona-se de sua mãe, como é a sua relação com José? Isso não é direito! É uma indignidade! É obsessão com sexo! É uma forma de *tara filosófica*! Em segundo lugar, ele pensava que toda essa discussão estéril não passava de uma *escamoteação*, ou seja, uma artimanha de mentes perversas que visam a nossa distração frente às questões fundamentais, a fim de nos perdermos em questiúnculas, de nos dispersarmos nas picuinhas que, se não são altamente desrespeitosas, são uma *banalização do sagrado*!

Costumava chamar essas digressões de *avenidas de luxo do conhecimento humano*, de *riqueza palavrosa*, e qual não foi a nossa surpresa quando encontramos a repetição de seus termos usuais, a complementação de suas ideias a respeito da nossa Doutrina, a sua preocupação de manter a *linha evangélica*, da qual Emmanuel solicitou através do Chico que a escola jamais se afastasse!

Somos todos pobres espiritualmente aos olhos de Deus e somos todos ricos de bênçãos e de oportunidades de aprendizado espiritual:

> "(...) Os chamados pobres serão realmente pobres ou somos nós, os mais ricos de conhecimento, que lhes sonegamos a herança de socorro e amor que lhes compete nos inventários dos bens que Jesus nos legou? (...)"

E essa questão nos faz recordar uma assertiva de Paulo:

> "Se, por causa de comida, o teu irmão se entristece, já não andas segundo o amor fraternal. Por causa da tua comida, não faças perecer aquele a favor de quem Cristo morreu."

Somos herdeiros de incomensurável patrimônio espiritual que é o Evangelho de Jesus. E nós, espíritas, carregamos ainda o peso da responsabilidade do conhecimento da reencarnação, como se pode atestar pelas palavras de Jesus:[3]

> "Aquele servo, que soube a vontade do seu senhor e não se preparou, nem fez conforme a sua vontade, será castigado com muitos açoites; aquele, porém, que não a soube e fez coisas que mereciam castigos será punido com poucos açoites. De todo aquele a quem muito é dado muito será requerido; e daquele a quem muito é confiado mais ainda lhe será exigido".

Portanto, é nossa obrigação seguir a senha da caridade como a única possibilidade de vencer o orgulho e o egoísmo.

Já escutei alguns oradores afirmarem que o sofrimento resgata os nossos erros do passado. Isso não está correto do ponto de vista espírita. A Doutrina Espírita não é masoquista, como afirmam os críticos e os nossos detratores. O sofrimento nos prepara e nos ajusta psicologicamente, além de nos limitar as possibilidades de tornar a errar para, então, nos indicar a ação reparadora! Nós erramos na ação e não é na inação que Deus nos corrigirá! A Deus não interessa castigo, mas reestruturação psíquica do culpado. Em outras palavras: arrepender-se é uma condição ativa e não passiva! A palavra que designa a lei de causa e efeito em sânscrito é *karma*, que quer dizer ação! Se nós erramos no fazer, temos que acertar também no fazer! O sofrer não é passível de resgatar uma dívida do fazer. Uma condição simplesmente passiva não tem

---

[3] Lucas, 12: 47-48. *Bíblia Online*. Disponível em: <https://www.bibliaonline.com.br/acf/lc/12>. Acesso em: 4 set. 2015. A citação anterior, da p. 69, encontra-se em Romanos, 14: 15. *Bíblia Online*. Disponível em: <https://www.bibliaonline.com.br/acf/rm/14>. Acesso em: 4 set. 2015.

o poder de corrigir os distúrbios do caráter que vimos cultivando ao longo de nossas existências!

Para nós, familiares de Clóvis, e todos os que convivemos com ele na Escola Jesus Cristo, o seu atestado de autenticidade é a pedagogia exarada nestas cartas! O que comprova a veracidade de suas comunicações é o teor cristão de seus conceitos, é sua visão dos problemas sociais sob a ótica da oportunidade de se exercitar o amor. Isso, mais que qualquer detalhe corriqueiro, é sua marca indelével!

– Escola Jesus Cristo na década de 70

Sem Cristo, toda a pompa dos domínios humanos se destina ao pó

Querida Hildinha, que você, Gilda e Celsinho estejam, com todos os nossos companheiros aqui reunidos, usufruindo da paz do Senhor.

Não me seria possível o silêncio diante de vocês, que me trazem a alegria e as tarefas de nossa Escola. Quanto possível, estou ali naquele refúgio de paz e amor, rearticulando lembranças, ou de espírito dedicado à oração, rogando a Jesus que nos mantenha íntegros na execução do esquema traçado. Estou satisfeito ao vê-la com o Celsinho, assessorando o nosso amigo Rubens no serviço da palavra aos nossos irmãos de esperança e realização.

Já faz tempo que fui desligado de nossas tarefas, em Campos, para abraçar outras similares no Plano Espiritual. Falar a você de saudades seria repetir que prossigo nesse caminho que é tão nosso. Não pude, entretanto, efetuar qualquer intervalo em minhas obrigações, nem mesmo para descansar ou chorar. Compreendi o que me solicitavam os Mentores da Causa e da Casa. Descansar seria impróprio do trabalhador que me habituara a ser, conquanto as minhas deficiências, e chorar seria incompreensão dos benefícios que temos recebido.

Abracei o arado que me apresentavam e, com o nosso Virgílio de Paula e outros amigos, continuei em ação aprendendo sempre, a fim de burilar-me e assinalar as bênçãos de que temos sido felizes usufrutuários.

Agradeço o esforço que você e o nosso Celso despendem, a fim de manter o nosso plano de reconstruir as interpretações fiéis do Evangelho, tanto quanto se nos faça possível, à maneira dos operários conscientes que buscam, no dia a dia, estar quitados com os deveres assumidos.

Não preciso minudenciar as necessidades da vida comum em nossos dias terrestres. As faixas do desequilíbrio se superpõem. Sabem que o mundo é uma grande nave de Deus, cujo Timoneiro é o Cristo, Nosso Senhor. Acontece, porém, que as investigações do cérebro atingiram tais complicações que o coração sofre desvalido de recursos que lhe garantam a estabilidade.

A inteligência na Terra de hoje sabe muito, no entanto realiza muito pouco no campo do sentimento. Promover o retorno à simplicidade é um empreendimento quase que exclusivo para gigantes.

Estamos certos, porém, de que somos pigmeus à frente de

tanta grandeza, mas somos pigmeus de Jesus, somando iniciativas que Ele, o Divino Mestre, abençoa para a nossa felicidade.

Não me será possível olvidar a Natureza que foi para ele um livro de ensinos nutrientes e libertadores. Os lírios do campo, o amor às crianças, a candeia sob o velador, os grãos de trigo e tantas imagens outras, com as quais nos induziu a viver com a bênção da realidade, acima das ilusões, são símbolos que a riqueza terrestre de agora não pode distanciar-nos, a fim de nos centralizar nos farrapos dourados de uma civilização ameaçada de extermínio pela insânia dela própria.

Penso que a coerência deve presidir as nossas instituições doutrinárias e então disporíamos dos recursos positivos para conjurar os perigos que pesam sobre os destinos humanos. Refiro-me a isso unicamente para preservar em vocês, e em nossos companheiros da Escola, a certeza de que **sem Cristo toda a pompa dos domínios humanos da atualidade se destina ao pó**.

Não posso, entretanto, alongar-me nessas considerações pessoais, de vez que aspiro manifestar a você e ao Flavinho, à Margaridinha, ao Luisinho e ao Celsinho, quanto fizeram para que o nosso livro relativo à vida autêntica dos santos do Cristianismo viesse a lume.[1] Muito grato pela cooperação com que me asseguraram a paz. O livro ficou sendo realmente nosso, porque vocês participaram decisivamente.

---

[1] Em referindo-se ao livro *Mediunidade dos santos*, com prefácio de Emmanuel psicografado por Chico Xavier, e editado pelo IDE em 1985. Esse livro foi escrito por meu pai por mais de 20 anos, mas ele recusava-se a terminá-lo por considerações íntimas, explicadas na apresentação do volume. Após essa afirmativa, ficamos mais seguros de ter tomado a decisão correta. No ano de 2005, a Ediouro adquiriu os direitos para lançar uma nova edição, destinada ao público não espírita por suas características e pelo fato de ser comercializada nas livrarias de todo o país.

Desencarnado, presentemente, nada tenho a acrescentar aos textos que vocês encontraram no volume. Os acontecimentos narrados coincidem com os apontamentos de nossos arquivos daqui e me rejubilo por isso.

Ainda não tenho méritos para seguir além do que pude coligir na constituição da obra que, na essência e na supervisão, pertence ao apoio indireto de nossos Maiores.

De tudo que ficou exposto, até agora, somente consegui visitar a maravilhosa estância de Dom Bosco, que ainda é o gênio apostólico, dedicado à educação.

Apesar disso, tenho encontrado muito auxílio de nossos queridos biografados, que me conferem forças contra qualquer desfalecimento.[2]

Em outra oportunidade falaremos disso.

Desejo seja dito a nossa promessa à Margaridinha, no sentido de cooperar com ela e a nova criança que vem buscar nos seus braços de amor a mãe que lhe falta.

Confiemos no socorro do Senhor e sigamos para diante.

Peço a você para que a nossa Margaridinha esteja consciente de nossa presença junto dela.

---

[2] Papai afirma que os espíritos citados no livro *Mediunidade dos santos*, que se notabilizaram em sua existência como heróis da fé, foram fiéis ao seu biógrafo e lhe auxiliaram nos tempos de readaptação à vida espiritual. É por isso que a Bíblia afirma: "Deus é fiel" (I Cor. 10:13). É fiel não para nos prover de bens materiais, mas para nos sustentar espiritualmente nas horas de provações. I Coríntios, 10: 13 *Bíblia Online*. Disponível em: <https://www.bibliaonline.com.br/acf/1co/10>. Acesso em: 4 set. 2015.

Todos os nossos trabalhadores da Escola, junto de nós, se conscientizem quanto ao nosso amor a todos e de mim hoje agradeço muito aos que me auxiliaram do coração.

Querida Hildinha, eis o que me ensina a nossa legião de serviço – servir sempre.

A novidade do que lhe falo, querida Hildinha, é que tenho modificado bastante o meu temperamento e digo-lhe algo dessa renovação para confirmar-lhe que a nossa convivência não foi vã.

Tudo se modifica para melhor quando nos voltamos para Jesus, e, embora as imperfeições de ontem estejam ainda em mim e que hoje são as mesmas, reconheço-me algo modificado para trabalhar mais na Seara do Bem com os nossos Maiores.

Reúno você, com os nossos filhos, no campo de nossos agradecimentos que estendo a Gilda, que se dispôs ao sacrifício da viagem, no intuito de ajudar-nos, e guarde em seu coração devotado o coração sempre seu, do seu,

Clóvis

(Mensagem psicografada na noite de **28 de maio de 1988**, em reunião pública no Grupo Espírita da Prece, em Uberaba, MG, na presença de sua esposa Hilda Mussa Tavares, do filho Celso Vicente Mussa Tavares e da amiga Gilda Duncan Tavares, de Campos, RJ, e inserida no livro *Porto de alegria*, de Francisco Cândido Xavier, por espíritos diversos, organizado por Hércio Arantes, IDE, 1990.)

– Clóvis Tavares aos 20 anos

Os pigmeus do Cristo

"O trabalho-ação transforma o ambiente.
O trabalho-serviço transforma o homem."
– *Emmanuel* | Pensamento e vida

A terceira mensagem de meu pai reveste-se de apontamentos profundamente doutrinários. Destacarei algumas de suas passagens que suscitam um comentário.

É necessário frisar a sua gentileza com todos que sempre acompanharam a minha mãe a Uberaba. Sempre refere-se ele como se estivesse em débito, quando sentimo-nos absolutamente insolventes, se assim pudéssemos contabilizar a nossa relação com a Providência Divina. Outro detalhe de sua afabilidade é a sua constante presença entre nós:

"(...) Quanto possível estou ali, naquele refúgio de paz e amor, rearticulando lembranças, ou de espírito dedicado à oração, rogando a Jesus que nos mantenha íntegros na execução do esquema traçado. (...)"

As memórias das advertências sempre oportunas de meu pai na nossa escola estão, a todo momento, vindo à tona de nossa consciência, pois sempre vivenciamos alguma situação que suscita de algum canto do cérebro as suas palavras. Diz ele na mensagem que está nos visitando na Escola Jesus Cristo sempre que lhe surge a oportunidade. E eu rememoro o que sempre nos aconselhava na escola – a entrar no templo e permanecer em oração antes de iniciar a palestra. Dizia e repetia, sem se cansar, que os parentes e amigos vêm nos visitar de preferência em nossas instituições, pois há ali um propício ambiente que lhes favorece as boas recordações, bem como favorece aos encarnados sentir-lhes a presença em um momento de oração. E ele mesmo experimenta agora sua teoria, visitando-nos justamente quando buscamos, na saudade, a luz espiritual na escola que ele fundou. Rearticular lembranças é sintonizar a mente com os arquivos psíquicos e trazê-los à experiência atual. É arrumar os registros, organizá-los para melhor deles se servir no aproveitamento de nossas experiências. E a oração é ainda o excelente método de filtrar as recordações que são realmente necessárias à nossa reconstituição psíquica, encarnados ou desencarnados.

É razoável e gratificante pensar a nossa vida como o cumprimento de um projeto. Ainda que não sejamos responsáveis por missões de alcance mundial, temos pequenos projetos para os quais necessitamos, para ser bem-sucedidos, estar em oração. Quem tem o espírito laborioso não admite uma vida espiritual de plácida contemplação do belo e do harmonioso da Criação e, desse modo, fala meu pai:

"(...) Já faz tempo que fui desligado de nossas tarefas em Campos para abraçar outras similares no plano espiritual (...)."

Essa última afirmação nos dá conta de como o trabalhador no bem é necessário nesta dimensão da vida como na outra. Entendo que meu pai foi convocado à outra vida, porque algum dos dirigentes da instituição espiritual preparava-se para o reencarne ou já reencarnara. Na sua primeira comunicação, disse: *"(...) muitos amigos que esperava encontrar aqui estão aí recorporificados na Terra (...)"*. Logo assumiu ele um posto que ficou vacante com a recorporificação de um seu amigo. E assumiu ele trabalhos que ainda não especifica, mas que são intensos e extensos, dizendo-se incapaz mesmo de descansar ou chorar.

Há um outro aspecto singular, que é a sua referência aos mentores da *causa* e da *casa*. Há espíritos que se dedicam ao cuidado especial com determinadas instituições, seja por motivo estritamente pessoal, seja por uma motivação de identificação com sua filosofia de trabalho. E há outros cuja harmonia se dá no mundo das ideias, são mentores da *causa*, os quais promovem conexões de ordem mais elevada e que permitem que uma instituição humana tenha vínculos com outras localizadas na ultrarrealidade espiritual. Assim, por exemplo, é que vemos universidades brasileiras vinculadas por intercâmbio ou convênio a instituições internacionais de renome, que assim o fazem por reconhecer o mérito da brasileira. Sabe-se que algumas universidades no Brasil são centros de excelência em área específica. Em relação à Espiritualidade, há um fenômeno análogo. Todavia, os intercâmbios ocorrem em dimensões diferentes da realidade da vida.

Esta sua terceira carta é um atestado de imortalidade, pois aqui se registra a sua personalidade de educador do

Evangelho, que muito bem soube ser. E quando diz "(...) *abracei o arado que me apresentaram (...)"* não se pode olvidar a assertiva do Mestre: "Mas Jesus lhe replicou: Ninguém que, tendo posto a mão no arado, olha para trás é apto para o reino de Deus",[1] que foi tema de palestra, ao qual ele recorria com certa frequência para nos exortar ao trabalho no bem. Além disso o "arado" está entre as categorias simbólicas e analógicas do Evangelho que ele comenta também como "os lírios do campo", "a dracma", "a ovelha", "o grão de mostarda", todos temas de suas palestras, as quais organizamos em livro póstumo publicado no septuagésimo aniversário da Escola Jesus Cristo, juntamente de uma republicação de escritos de Nina Arueira.[2] Todas as suas comunicações mediúnicas têm como tônica a necessidade de o Evangelho de Jesus ser explicado de modo inteligível ao nosso público. Agradece sempre ao meu irmão Celso, à minha mãe, aos companheiros Rubens e Ruth Maria, garantindo que as palestras preparadas no espírito do Novo Testamento são o nosso verdadeiro escopo.

Ele temia na Terra, como ainda se preocupa na vida espiritual, com a supremacia da razão sobre o sentimento. Considerava que tudo isso são *superposições de faixas de desequilíbrio e que as investigações do cérebro atingiram um nível de complicação tal que adoece o órgão do sentimento.* Isso pareceu-me uma premonição, pois em 1988 as pesquisas da Neurobiologia ainda não se haviam desenvolvido como agora a ponto de querer colocar em cheque até mesmo a Psicologia! Essas inovações fazem crer aos angustiados e ansiosos que tristezas e emoções são fruto de distúrbios na

---

[1] Lucas, 9: 62. *Bíblia Online.* Disponível em: <https://www.bibliaonline.com.br/acf/lc/9>. Acesso em: 5 set. 2015.
[2] *Sal da terra* e *Novo Céu e Nova Terra*, Ed. Scortecci, São Paulo, 2005.

secreção de neuropeptídeos cerebrais. Estes são uma espécie de substância química que conectam um neurônio ao outro, estabelecendo uma complexa e intrincada rede em todo o organismo. Segundo a visão de alguns neurobiólogos, que resultou na criação de uma nova escola psicológica, para a Psicologia de base biológica, ou Neuropsicologia, *o importante seria medicar e não investigar o inconsciente, como preconizou Freud*. Essa corrente da ciência avança drasticamente e é necessário que as ciências da alma definam bem os limites para que não assistamos a um efetivo progresso da abordagem bioquímica do sofrimento sem que os pesquisadores espíritas ofereçam à sociedade uma explicação razoável para os transtornos de humor e de conduta que afetam indiscriminadamente crianças e adultos. Sua consideração sobre a inteligência humana recorda-me seus comentários a respeito do pensador italiano Pietro Ubaldi, que assim se expressou em uma carta ao meu pai, datada de 20 de dezembro de 1949:

> "A minha inteligência, a compreenderá a Europa, mas o meu coração somente o poderá entender a América Latina, e especialmente o Brasil. Na Europa, se sabe pensar, mas não se sabe amar, como só vós o podeis. À Europa, pois, a minha mente, e a vós, do Brasil, o meu coração."

São muitas as frentes abertas pelo meu pai em sua comunicação, mas felicito-me particularmente pela sua referência à complementação da sua obra póstuma *Mediunidade dos santos*.[3] Esta foi, para mim, uma experiência inesquecível.

---

[3] *Op. cit.*

Estava começando minha vida profissional como médico e com um filho muito pequeno. Levei o material que papai havia deixado em seu escritório, sobre suas pesquisas acerca dos fenômenos psíquicos na vida dos santos católicos, e comecei a revisá-los, geralmente nas madrugadas. Hoje, utilizando um computador, fazendo *back-ups*, usufruindo de toda a comodidade tecnológica para escrever, não posso compreender como nos foi possível organizar os textos, coletar biografias, coligir as complementações necessárias aos vácuos deixados numa obra que vinha sendo escrita por mais de trinta anos. Anexo aqui algumas cartas do nosso Chico que, durante muitos anos, se interessou que meu pai a concluísse. Penso que o seu excesso de zelo, a busca da exatidão das fontes oficiais da Igreja, da fidelidade aos textos, enfim, foram fatores que o fizeram postergá-la *sine die*, até que sua complementação tornou-se póstuma. Desencarnado, ele pôde consultar novos arquivos, ter acesso a audiências com os seus biografados, receber apoio magnético deles e visitar, inclusive, a Estância Dom Bosco. Disse-nos Chico, em particular, que tal estância, assim como a Escola Jesus Cristo de lá, localiza-se em "Nosso Lar" e que elas fazem projetos conjuntos na educação.

É importante frisar ainda o seu extremado cuidado paternal para com a minha irmã, que passava por uma gravidez de risco, e em momentos de prece rogou a sua presença de modo absolutamente reservado, sem que nem nós soubéssemos de suas preces, que eram uma forma de colóquio íntimo com nosso pai. O amor paternal continua além da barreira de cinzas e isso me recorda um belo filme com Robin Williams – *O amor além da vida* –, que traz uma versão espiritualista do sentimento humano vencendo as últimas fronteiras.

E sua última notícia é uma autoanálise. Considera-se renovado no temperamento. E acrescenta:

"(...) Tudo se modifica para melhor quando nos voltamos para Jesus e embora as imperfeições de ontem estejam ainda em mim, e que hoje são as mesmas, reconheço-me algo modificado para trabalhar mais na seara do bem com os nossos Maiores (...)."

Penso que a humildade governa nossos pensamentos quando nos dedicamos ao bem e posso afiançar que meu pai foi na Terra um homem na acepção de Rudyard Kipling,[4] de quem reproduzo o poema a seguir:

Se

Se és capaz de manter a tua calma quando
Todo o mundo ao teu redor já a perdeu e te culpa;
De crer em ti quando estão todos duvidando,
E para estes, no entanto, achar uma desculpa;
Se és capaz de esperar sem te desesperares,
Ou, enganado, não mentir ao mentiroso,
Ou, sendo odiado, sempre ao ódio te esquivares,
E não parecer bom demais, nem pretensioso;
Se és capaz de pensar – sem que a isso só te atires;
Se encontrando a desgraça e o triunfo conseguires
Tratar da mesma forma a esses dois impostores;
Se és capaz de sofrer a dor de ver mudadas
Em armadilhas as verdades que disseste,
E as coisas por que deste a vida estraçalhadas,
E refazê-las com o bem pouco que te reste;
Se és capaz de arriscar numa única parada

---

[4] Rudyard Kipling nasceu em Bombaim, Índia, em dezembro de 1865. Faleceu em 18/01/1936, em Londres, Inglaterra. Poeta e novelista, recebeu o Prêmio Nobel de Literatura em 1907. Essa tradução foi feita por Guilherme de Almeida.

Tudo quanto ganhaste em toda a tua vida,
E perder e, ao perder, sem nunca dizer nada,
Resignado, tornar ao ponto de partida;
De forçar coração, nervos, músculos, tudo
A dar seja o que for que neles ainda existe,
E a persistir assim quando, exaustos, contudo,
Resta a vontade em ti que ainda ordena: "Persiste!";
Se és capaz de, entre a plebe, não te corromperes
E, entre reis, não perder a naturalidade,
E de amigos, quer bons, quer maus, te defenderes,
Se a todos podes ser de alguma utilidade,
E se és capaz de dar, segundo por segundo,
Ao mínimo fatal todo o valor e brilho,
Tua é a terra com tudo o que existe no mundo
E o que mais – tu serás um homem, ó meu filho!

Entretanto, há algo a comentar sobre o melhorar-se na existência física ou na Espiritualidade. Vivemos ciclos alternados nas duas dimensões da vida. Essa alternância de modo nenhum é aleatória, antes, cada fase cumpre um programa próprio no desenvolvimento de nosso caráter. O progresso moral pode ocorrer nos dois estágios da alma, porém a sua consolidação só se dá no estadiamento físico, na nossa Terra, habitando um corpo, com as peculiaridades inerentes ao nosso padrão psíquico. Por isso meu pai nos conta que está mudando o temperamento, pois está se depurando de certos hábitos com os quais nos acostumamos aqui. A sabedoria da Lei pode ser observada em cada mínimo detalhe, e ao permitir ao ser humano a consecução das polaridades invertidas da grande vida, representadas pela intermitência entre os períodos encarnado e desencarnado, promove a sua evolução. Evolução que se dá pelo contínuo e constrangedor exercício do desapego das coisas, da nossa identidade, de nossos títulos e valores, e até da própria existência física. E confesso que papai, fato que se pode comprovar pelos seus depoimentos, viveu essa experiência de modo singular, otimizando cada experiência de sua vida. Todas as situações que, aparentemente, eram revezes, convertiam-se para ele em oportunidades de compreender a lei do "cumprindo-se através do *samsara*".[5]

Sobre a Estância Dom Bosco, teremos notícias na próxima carta.

---

[5] "*Samsara* [do sânscrito] (ou Roda de *Samsara*) representa o ciclo contínuo de nascimento, morte e transmigração da alma, a que tudo está sujeito. (...) Para encurtar os ciclos de suas muitas existências é preciso que o homem busque a iluminação total, abrindo mão de qualquer tipo de apego". Compulsado do artigo "Índia – A filosofia hinduísta", de Lu Dias. Disponível em: < http://virusdaarte.net/india-a-filosofia-hinduista/>. Acesso em: 5 set 2015.

– *Chico Xavier entre Pietro Ubaldi e Rômulo Joviano, em Pedro Leopoldo, MG , em 1951*

A morte é a vida mal interpretada

Querida Hildinha, Jesus nos abençoe.

Hoje, véspera do Dia consagrado aos Pais, tenho o coração repleto de lembranças. A memória, com o poder mágico que a caracteriza, traça para o meu consolo uma tela apresentando a nossa família reunida. Flavinho, Luisinho, Margaridinha, Celsinho, e agora também os nossos Hélio, Rosane e Nazareth, genro e noras, filhos do coração, inclusive a imagem do nosso Carlinhos, se congregam na mesma vibração de amor, para mim, uma festa em família. Ouço as vozes de cada um de nossos filhos e peço desculpas ao público se me reporto a eles com os diminutivos de hábito.

É que, embora alegre e reconhecido pelo que tenho recebido aqui da Divina Providência, a saudade me surpreende e as lágrimas do amor e do reconhecimento não poderiam ser arquivadas tão só pelo meu esforço pessoal. Muitos amigos estão encharcados de pranto – pranto aliás construtivo – recordando, qual me ocorre, dos filhos queridos que os vinculam à vida terrestre. Aí, na vida física, registramos a falta daqueles entes queridos que nos precederam na Vida Maior, no entanto, a desencarnação não nos exonera desse imposto da devolução: o cabedal das lágrimas, lembrando os seres amados que ficaram.

Demorei-me a compreender semelhante imperativo, tamanho foi o impacto sofrido, em sua companhia, quando os médicos amigos me consideraram habilitado a receber a injeção última que me impôs a parada cardíaca, de que não esqueceremos. Senti-me retomando uma vida que me fora familiar em outro tempo, mas o presente me dominava o suficiente para não pensar voluntariamente no que havia sido e me concitava a passar ao mundo novo que a existência me criara, em torno do coração. A minha série de conflitos era muito grande, no entanto, em casa, já nos habituáramos ao culto da oração e expedi a Jesus as minhas solicitações para que as minhas faculdades se asserenassem.

O nosso amigo Virgílio de Paula foi o primeiro a levantar-me o ânimo abatido e o pai e esposo que havia sido ressurgiram em mim, para compreender que estava atravessando a fronteira entre os dois mundos e que me cabia a devida fortaleza, a fim de suportar os acontecimentos como fossem e como viessem.

Hoje, na comemoração do Dia dos Pais, rememoro as minhas lutas e confirmo perante mim mesmo que a minha confiança em Jesus não havia sido vã. O resto de minhas surpresas ao penetrar o novo ambiente você já conhece e não preciso reafirmá-las. Ainda assim peço que você diga aos meus filhos do carinho que me vai n´alma. Penso em nossos filhos qual se fossem ainda crianças tal o enternecimento com que os mentalizo, não esquecendo os netos queridos que já possuímos.

*Hildinha, auxilie-me a dizer a todos que sou um pai fe-
liz pelas alegrias com que me honorificam a presença, acres-
centando ainda que o pai continua junto de todos, buscando
melhorar-se e trabalhando arduamente de modo a esperá-los
a recompor a própria vida, nas situações em que me encontro, quando o Senhor permitir o nosso reencontro.*

*Tudo parece tão fácil, mas as ocorrências mais simples,
na essência, são as mais complexas do caminho que atraves-
samos. Continuemos entesourando as nossas experiências,
com o trabalho no bem e com amor a orientar-nos os passos.*

*Da nossa Escola Jesus Cristo não precisamos acentuar
qualquer dificuldade, porque o nosso Rubens e os nossos Flavinho e Celsinho se incumbem de prover a nossa instituição,
sempre promovendo a obtenção de todos os recursos necessários a nossa casa de paz e amor. Ainda assim desejo felicitá-los a
coragem na reconstrução do Clube recreativo da Fraternidade
edificante que, com dedicação, estão levando em frente.*

*Muito grato, Hildinha, por sua colaboração espontâ-
nea, da qual estávamos necessitados, embora não tocásse-
mos nisso para não despertar inquietações, qual se a pressa
pudesse constituir-se em sérios embaraços.*

*Sei o quanto está custando a vocês a construção que
o reajuste do edifício nos pede, e talvez ainda nos solicite
maiores recursos para o seu levantamento.[1] Possamos sempre*

---

[1] A conversão de um galpão antigo, cujos caibros estavam já apodrecidos, em um novo prédio
que nos serve hoje de teatro foi uma obra promovida pelo nosso irmão Rubens Fernandes, com
a colaboração de todos, inclusive através da realização de peças de teatro. Entendemos que o
presente parágrafo refere-se aos obstáculos que se antepõem a toda obra do bem e que devem
ser reconhecidos por nós como estímulos espirituais a nos suscitar, da alma, a coragem necessária.

ter paciência e coragem, porque, transpondo barreiras, uma a uma, veremos todas as frentes reconfortantes serem recolocadas e reproduzidas, tais quais fossem erguidas para o nosso aproveitamento geral.

Não tenhamos receio de assumir os compromissos necessários para a concretização do evento que se aproxima. Espero, com alegria, ir conquistando a paz do Clóvis que fui e do novo Clóvis que serei. Não obstante o meu silêncio ao ver o fechamento daquele departamento de nossas crianças, no íntimo sabia que esse Instituto voltaria a funcionar presentemente.[2]

Hoje estou mais certo de que precisamos dispor de ambiente educacional adequado para as nossas crianças que vêm preparar o templo do coração, e espero que as mesmas possam se tornar portadoras da renovação para que, com bravura, consigamos podar a fadiga, que, por vezes, acalentamos.

Sei como é grande a falta que sentimos de alguém para os diálogos que a obra exige em si. Contudo, existem acertos de que a missão não nos exonera.

Querida Hildinha, agradeça ao nosso Rubens e aos nossos queridos amigos que não se furtam em me auxiliar no momento.

Fiquei contente por estar você acompanhada pelo Celsinho na viagem até aqui e espero que possa com muita firmeza contar com ele para ser o seu guardião na Terra de agora, rodeada de perigos por todos os lados.

---

[2] O Clube da Fraternidade foi encerrado em 1969 por total falta de recursos materiais e humanos para a sua manutenção. Foi reaberto em 1985.

Meu desejo de fazer-me sentir com meu abraço possa todos envolver e sentir-me-ei mais feliz ao perceber que a nossa escola tem a compreensão dos nossos problemas unindo-se para resolvê-los. Na Terra, as obras do bem não são meras murmurações e tudo farei no campo do dever cumprido para que a nossa instituição retome o caminho certo.

O nosso Clube, em que as crianças se farão os artistas na interpretação de peças notáveis, simplificadas e adaptadas aos nossos tempos, será um verdadeiro templo da educação. Você sabe que os dias na Terra são agora diferentes e precisamos vacinar os nossos pequenos e jovens contra os desequilíbrios com que se vê uma casa em reforma dando a ideia de perturbação, ao invés de estender tranquilidade e harmonia a nossa juventude.

Agradeço o seu esforço, doando interpretações mais simples para a nossa comunidade infantil, ajudada por nosso Luisinho. Em verdade, sem qualquer espírito crítico, creio seja de nossa obrigação podar as frondes das árvores de educação que nos foram confiadas, a fim de que as lições de Jesus nos falem mais de perto aos sentimentos.

Nesse sentido, não preciso aconselhá-la, porque a sua vida dedicada ao magistério dotou o seu espírito de conhecimentos e experiências do mais alto valor na formação dos novos rebentos de nossa família espiritual.

Peço diga ao Flavinho, ao Celsinho e ao Rubens que a associação de seus pensamentos vem produzindo os melhores frutos para a renovação de que necessitamos.

Agradeço a você e ao Flavinho o carinhoso cuidado que investiram na formulação e reformulação de nosso livro em torno da mediunidade dos Santos. Creio que o Cristianismo redivivo exige de nossa parte o reerguimento das vidas consagradas ao bem, vultos notáveis consagrados pela caridade e pela humildade com que se aplicam aos ensinamentos do Senhor.

Muito contentamento à Margaridinha e ao Helinho pelas realizações a que se vão entregando, sem alarde, em favor de nossos ideais. E o nosso querido Ivanzinho está também incorporado a minha coleção de afetos que constituem a nossa riqueza do coração, bem como nosso Pedro e Juliana.[3]

Muito teria a dizer, mas devemos considerar as esperanças de muitos pais e mães presentes, esperando ansiosos por alguma frase dos seres queridos que lhes refaça as energias para a caminhada de cada dia.

Lembranças a todos os companheiros e companheiras da querida Escola que se fez para nós o segundo lar e os meus agradecimentos ao Celsinho por haver acompanhado você na viagem de Campos para cá e às irmãs Gilda e Cacau.

Com o auxílio de Jesus, tenho tido muito trabalho e estou satisfeito especialmente ao reconhecer que estou cumprindo as esperanças de serviço em Sua Seara.

A morte é a vida mal interpretada e sei que nós ambos não nos esqueceremos disso.

---

[3] Referência aos trabalhos de ordem social do casal e a Pedro Rocha Tavares, meu filho, nascido uma semana antes de sua desencarnação e que chegou a visitá-lo no hospital ainda, a Juliana Rocha Tavares, minha filha, nascida em 1986, e a Ivan Mussa Tavares Gomes, filho de Margarida e Hélio, nascido em 1988.

Com todo o amor que sou capaz de sentir, peço-lhe receber o coração reconhecido do seu Clóvis, sempre afetuosamente seu, sempre seu,

Clóvis

(Mensagem psicografada em reunião pública do Grupo Espírita da Prece, em Uberaba, MG, na noite de **12 de agosto de 1989**, na presença das irmãs Maria do Carmo Maia Macedo, na intimidade, Cacau, professora em Campos, RJ, e Gilda Duncan Tavares, desencarnada em 01/07/ 2003.)

– *Clóvis Tavares com as meninas*
da Casa da Criança, na Escola Jesus Cristo, em 1945

Crianças — artistas de peças notáveis

"Quanto mais a inteligência se purifica,
se aperfeiçoa e se eleva, mais se impregna da ideia do belo.
O objetivo essencial da evolução será, portanto, a busca e a
conquista da beleza, a fim de realizá-la no ser e suas obras.
Tal é a regra da alma em sua ascensão infinita."
– Leon Denis | O Espiritismo na arte

A quarta missiva espiritual de meu pai inicia-se com as suas escusas por suas demoradas referências às memórias da família. De certo modo, sinaliza ele que almeja mais que um intercâmbio familiar. Estas suas seis cartas nos fazem recordar as cartas de Paulo, de quem ele sempre foi um admirador. Continua a ser o diretor doutrinário da Escola Jesus Cristo, orientando-nos sobre todos os aspectos de nossas atividades que dizem respeito à salvaguarda dos princípios cristãos que o Espiritismo veio lembrar ao mundo.

É Dia dos Pais e um pai não pode deixar as lembranças dessa experiência humana singular. Retorna ele ao círculo doméstico e revive os instantes cruciais de sua vida junto de nós:

"(...) As lágrimas não poderiam ser arquivadas tão-só por meu esforço pessoal (...). A desencarnação não nos exonera deste imposto da devolução: o cabedal das lágrimas, lembrando os seres amados que ficaram (...)".

Quantas motivações de poesia e prosa não suscitou esse sentimento nostálgico da alma portuguesa, que integra também o espírito brasileiro, que é a saudade. Quanto mais se ama mais se sente a falta. Mas a acepção de saudade na língua portuguesa vai além do *missing* inglês, além da *nostalgia* espanhola, além do *regret* francês. Penso que em prosa foi meu pai muito mais poético que tantos poetas: **"a saudade é o metro do amor!"**

Após o transe, revive ele uma outra experiência, que aqui é descrita de modo inédito na literatura, ao que pude perceber. Diz da retomada da sua personalidade espiritual imortal: *"Senti-me retomando uma vida que me fora familiar em outro tempo (...)"* e diz isso, inclusive, em função da reativação de centros cerebrais que alargam as fronteiras da consciência, de maneira que gera, a princípio, um conflito. Retomar a consciência de outro tempo, sentir-se familiar a outra realidade diversa da qual acaba de afastar-se é, verdadeiramente, um motivo de perplexidade! E meu pai resolve esses conflitos do mesmo modo que sempre buscou as soluções em vida: orando! Pedira a Deus serenidade, como na oração dos Alcoólicos Anônimos. Ele orou muito e foi ajudado por seu amigo Virgílio de Paula, e escreve-nos no Dia dos Pais para demonstrar que a paternidade transcende as barreiras da morte e o amor não se dissolve nas cinzas.

Uma vez, visitando eu a residência de uma cliente que acabara de sofrer a morte da filha de 25 anos, escutei de seu ministro religioso a seguinte frase: "Não chore, irmã. Se alguém morre, o nosso amor também morre junto, e enterrando-o enterramos também o nosso amor". E justificou com passagens bíblicas essa assertiva própria da dureza de corações. Entretanto, papai sempre nos ensinou que a Bíblia pode ser empregada para justificar o desamor, inclusive para matar as esperanças da mãe que lamenta a perda da jovem filha. Mas a tônica de meu pai com as suas lembranças familiares reside em sua esperança de que todos os filhos estejam associados aos ideais que ele legou. E no Dia dos Pais não pôde ele furtar-se às recordações e aos conselhos do pai extremado de amor.

O mesmo pode-se dizer de sua solicitude em relação à Escola Jesus Cristo. Seu cuidado com a instituição, tão sua filha como nós mesmos, merecia dele toda a prudência em vida. E a tutela espiritual, demonstrada pelo seu desvelo em todas as suas cartas, demonstra que o espírito é imortal em seus ideais. E cuida para que esses mesmos ideais não se percam no mar agitado das confusões da Terra.

Na Escola Jesus Cristo, percebemos que ele dedicou especial atenção ao *Clube da Fraternidade*, fundado por ele mesmo em 1952, no dia de Dom Bosco, 16 de agosto. Ele sonhara com Dom Bosco, pedindo que houvesse na Escola Jesus Cristo uma programação própria para a criança carente, de modo a fazer eclodir nela o gosto pelo Evangelho por meio de jogos, teatro e música. Em pouco tempo, em viagem a Pedro Leopoldo, Chico confirmou seu sonho e revelou que Dom Bosco formava futuros colaboradores na Espiritualidade para trabalhar na Terra e que esperava que na Escola Jesus Cristo se organizasse um núcleo nos moldes de sua filosofia de trabalho. Esse núcleo da Escola Jesus Cristo funcionou até 1969, ininterruptamente, e eu mesmo fui seu beneficiário, pois a frequentava, com meus irmãos, nas tardes de domingo, que eram um misto de lazer com Evangelho.

Nesse ano de 1969, aconteceram pequenas incompatibilidades de horário para alguns colaboradores e poucos assumiram o trabalho, que se avolumara. Era mais de uma centena de crianças que solicitava atenção, direção nos jogos, orientação para a bandinha musical e para o teatrinho, sem falar no lanche. Somou-se a essa carência humana o fato de que o nosso galpão apodreceu contaminado pelo cupim e faltaram recursos financeiros para reformá-lo. Após um interregno de 16 anos, retorna o *Clube da Fraternidade* sob a orientação doutrinária de minha mãe Hilda, que conta com o sustentáculo de meu pai, o qual aprova sua iniciativa através dessa mensagem, e de outras, e oferece incentivos sob a forma de energias espirituais.

A educação da criança, na sua visão, necessita de um ambiente. Ambiente é a atmosfera psíquica em que ocorre um determinado evento. É o contexto no qual se insere um fenômeno físico, mental e espiritual. A educação requisita ambiente adaptado às suas próprias necessidades. As crianças de hoje são espíritos que renasceram solicitando de nós amparo na reeducação de suas almas. O ambiente de carência material está contaminado com a carência afetiva, carência de sentido de família, de respeito aos pais, de disciplina na escola e de senso de justiça. Eles vivem uma realidade exterior que os faz descrer de todas as instituições sociais, inclusive das religiosas, que apenas reproduzem o *status quo*, numa prática de caridade fisiológica absolutamente inadequada e extemporânea. Reencarnaram no alvorecer de um novo século, que é também uma era nova para a humanidade. Vêm preparar o *"templo do coração"*, o que nos infere que esse trabalho representa uma possibilidade de reestruturar as mentes infantis, justamente nos seus primeiros 7anos de vida no planeta. O que nos parece interessante é que essa era nova para a humanidade reflete-se na pedagogia piagetiana, de tal modo que se fala hoje em cultivar na criança a criatividade e nela despertar o sentimento.

O nosso público do *Clube da Fraternidade*, crianças até 12 anos, participa de oficinas de Música, com coro, percussão, violão e teclado, Teatro e Artes Plásticas. São, no entanto, trabalhos árduos, pois muitas delas sofrem do que a Psicologia hoje denomina *Distúrbios do Déficit de Atenção*, que podem ser acompanhados eventualmente de *Hiperativiade* e *Impulsividade*, de modo individual ou associado. Isso significa que algumas delas serão disléxicas, ou seja, terão dificuldade de aprendizagem devido à falta de concentração, outras serão agitadas, inquietas e incansáveis, além de desconcentradas, e algumas outras terão todas as características anteriores somadas à irritabilidade, com rasgos de agressividade. Diante desse fato, já corriqueiro para as professoras e pediatras, a educação evangelizadora da infância torna-se um imperativo do espírita, responsável e consciente que é da ultrarrealidade que subsiste à nossa infrarrealidade cotidiana. Vivemos numa conjuntura de ceticismo travestida de muitas religiosidades. Todavia, é imperioso vivenciar a superconjuntura espiritual que nos foi descortinada pelo conhecimento de nossa pré-existência e por causa da esperança concreta na nossa pós-existência.

O medo de fazer o bem é um grande empecilho em nossas vidas. Somos bloqueados por esse *gigante da alma* no dizer de Mira y Lopez, justificando o imobilismo de quem recebeu a missão de empenhar-se numa atividade renovadora e restauradora. No trabalho com a criança carente, muitas vezes esse *impulso da desistência*, ou como meu pai chama, o nosso *acalanto da fadiga*, mescla dois fatores: o *medo* e a *pusilanimidade*. Por isso diz ele em sua carta que é necessário *bravura para podar o medo e a indolência*.

O sistema educacional da Escola Jesus Cristo também necessita seguir essa diretriz. As crianças necessitam também da poda. O limite e a disciplina são a condição *sine qua non* para uma educação de verdade.

Entendemos e assim meu pai nos fez enxergar que o Espiritismo é a Terceira Revelação para as crianças também. E como uma revelação, como nos disse Jesus,[1] não vem destruir a outra, a terceira contém no seu bojo a segunda e a primeira. Desse modo, a Primeira Revelação para a criança é representada pelo quinto mandamento de Deus recebido por Moisés: *"Honrar pai e mãe"*![2] Por consequência natural, a criança deve respeitar e obedecer aos professores, monitores de disciplina e funcionários em geral, e a todos os adultos a quem a criança precisa aprender a ter respeito. Sem esse mínimo ponto estrutural, não há alicerce para a educação espírita. Sobre o assunto à luz da Doutrina Espírita, recomendo a leitura de *Escola no Além*, de Cláudia Galasse, psicografado por Francisco Cândido Xavier,[3] que foi o resultado de um concurso no plano do espírito, como nos conta Emmanuel no prefácio da obra, do qual participaram 200 professoras e a Cláudia foi a contemplada por mérito, recebendo a incumbência de nos transmitir a experiência através da mediunidade límpida de Chico Xavier.

A Segunda Revelação para a criança pode ser representada pelas palavras de Jesus: *"Deixai vir a mim as crianci-*

---

[1] Mateus, 5: 17: "Não penseis que vim revogar a lei ou os profetas; não vim para revogar, vim para cumprir". *Bíblia Online*. Disponível em: <https://www.bibliaonline.com.br/acf/mt/5>. Acesso em: 7 set. 2015.
[2] Êxodo, 20: 12: "Honra teu pai e tua mãe para que se prolonguem os teus dias na terra que o Senhor, teu Deus, te dá". *Bibliaon*. Disponível em: <http://www.bibliaon.com/versiculo/exodo_20_12/>. Acesso em: 7 set. 2015. Sobre o tema exatamente dirigido à criança, ver *Os mandamentos de Deus*, de Flávio Mussa Tavares, Lachâtre, Rio de Janeiro, 1999.
[3] Uma publicação do Ideal, São Paulo,1989.

nhas e não as embaraceis".[4] Levemos o Evangelho de Jesus às crianças e não nos tornemos empecilhos à *boa notícia.* Não embaracemos as crianças, facilitemos seu contato com a Lei. Saibamos não apenas exigir-lhes disciplina e respeito, como no primeiro patamar da revelação de Deus, mas também lhes dar amor, proporcionar para elas um futuro de dignidade. O segundo momento da revelação divina para a criança depende de nossa responsabilidade para com a sua formação para o futuro. *"Não as embaraceis"* é também não permitir que seu futuro seja sombrio e repleto de obstáculos, cada um responsabilizando-se em sua casa espírita por uma criança carente, não embaraçando e nem deixando embaraçarem o seu futuro, isto é, a segunda revelação para a criança.

A Terceira Revelação para a criança é a adaptação da assertiva de o *Espírito da Verdade, "Espíritas, amai-vos, espíritas, instruí-vos"*[5] para esta outra: *amai as crianças! Instruí as crianças!* E este é o nosso desafio: educar! Destaco aqui a situação, por vezes, constrangedora, de reunir numa mesma sala de aula as crianças de classe média e as de classe baixa. Reconhecemos que os níveis de dificuldade elevam-se sobremaneira, e não fosse a nossa coerência com os princípios que esposamos, e a nossa fidelidade ao pensamento de papai, adotaríamos o sistema de educar os filhos de frequentadores e os assistidos em dia e horários distintos. Educar resume, assim, o grande desafio legado pelo *Espírito da Verdade* para o nosso trato com as crianças. E disse meu pai que de sua atual dimensão de vida tudo faria para que a nossa es-

---

[4] Mateus, 19: 14: "Jesus, porém, disse: 'Deixai os pequeninos, não os embaraceis de vir a mim, porque dos tais é o reino dos céus.'" *Bíblia Online*. Disponível em: <https://www.bibliaonline.com.br/nvi/mt/19>. Acesso em: 7 set. 2015.
[5] De *O Evangelho segundo o Espiritismo*, Allan Kardec, Cap. VI, Item 5, 60. ed., FEB. Rio de Janeiro, 1975.

cola retomasse a finalidade para a qual foi fundada, isto é, a educação, através de nosso *Clube da Fraternidade* em consonância com o nosso *Departamento de Ensino Elzinha França*.

Um outro aspecto digno de nota refere-se às músicas das nossas peças musicais, todas exclusivamente compostas pelo meu irmão Luís Alberto, a quem meu pai agradece. Para não deixar o leitor sem a apreciação dessas peças de raro valor literário, apresentamos aqui a sua poesia "Saudade", que bem se relaciona ao conteúdo deste livro:

A saudade

"A saudade é como um verso
Que depois de escrito não se pode ler,
É um sol sem brilho, um mar sem ondas,
A saudade é tarde sem entardecer.
É estar contigo sempre
E, na tua presença, não poder te ver.
A saudade é um sofrimento,
É mais do que um tormento
É mais do que sofrer...

Ah! Sentir saudades... voz...
Que diz o coração pra desaparecer.
E sumindo, pouco a pouco,
Tão pequeno, a gente começa a morrer...

Mas a saudade não mata,
É luz de vela viva e faz a gente ver
Que a saudade é outro coração que a gente tem
Que faz o coração bater..."

Jesus, abençoa os meninos de rua

Jesus abençoa os meninos de rua,
Protege os meninos de rua, Jesus.
Cobre com teu manto os meninos de rua.
E guarda os meninos sob a tua luz!

Não precisava ser tão sozinho,
Ser tão sem nada, ser tão sem cor.
Não precisava tão sem carinho,
Tão sem morada, tão sem amor.

Não precisava, já tão novinho,
Sofrer miudinho tamanha dor.
Tão pobrezinho, não precisava
Passar por tudo que já passou.

Não precisava tanta ferida,
Viver nas ruas, dormir no chão.
Ser tão sem graça, ser tão sem vida,
Nenhum brinquedo por distração.

Não precisava esse sofrimento,
Sem alimento, sem lar e pão.
Abandonado, tão sem alento,
Não precisava assim tanto não.

Jesus, abençoa os meninos de rua,
Protege os meninos de rua, Jesus.
Cobre com teu manto os meninos de rua.
E guarda os meninos sob a tua luz!

Jesus, toma conta dos anjos de rua.
Cuida das crianças sem lar, sem alento,

Que vivem nas ruas, fazendo das ruas
Sua manjedoura de dor e cimento.[6]

A seguir, retorna meu pai à analogia da poda da árvore: *"(...) sem qualquer espírito crítico, creio seja de nossa obrigação podar as frondes das árvores de educação que nos foram confiadas (...)"*. E apresenta a poda, analogamente, em duas modalidades: o controle do crescimento desordenado e o conformar o objeto de acordo com a necessidade. E entendemos que nossas crianças ainda necessitam das duas modalidades de poda. Elas reencarnam para conter suas hipertrofias da alma, muitas vezes já trazendo no seu corpinho a poda cármica, e renascem solicitando-nos a poda da reestruturação psíquica de seus pensamentos e ações. Entretanto, não pede meu pai aqui que atuemos tão-somente na poda restritiva, mas, sobretudo, naquela construtiva, que promove novo crescimento ordenado, devolvendo a seiva elaborada a todas as células. E sugere que essa segunda modalidade de poda seja realizada com o trabalho cultural: *"Nossas crianças se tornarão artistas de peças notáveis"*. E podemos afiançar que a sua premonição já é uma realidade. Recentemente, apresentamos uma adaptação de minha mãe e meu irmão Luís Alberto de *O pássaro azul* para o teatro,[7] com várias crianças assistidas de nosso Clube participando como artistas – pode-se dizer que são verdadeiras revelações!

Um ano após a sua terceira comunicação, meu pai retorna com a avaliação do *Mediunidade dos santos*. Recor-

---

[6] De Luís Alberto Mussa Tavares, constante do livro *A palavra dada*, uma edição da Scortecci, São Paulo, 2005. Disponível em: <www.quasepoesia.blogspot.com>. Acesso em: 7 set. 2015.
[7] *O pássaro azul* (*L'Oiseau bleu*), de Maurice Maeterlinck, uma tradução de Carlos Drumond de Andrade (DELTA, 1962).

dei-me de que após a sua desencarnação, discutimos em família sobre a relevância do resgate dessa obra. Lembrou--se que nosso pai deixou deliberadamente de conclui-la e, por vezes, dizia: *"Mais que a mediunidade dos santos, precisamos aprender a respeito de sua espiritualidade"*. Era uma argumentação que soava dissonante em relação ao projeto de terminar a obra. Se o autor desistiu do projeto, quem seríamos nós para contrariá-lo? Mas não desisti e encontramos, mamãe e eu, várias cartas do Chico, que reproduzo aqui neste livro, solicitando de meu pai que a obra chegasse a um termo. Considerei que o *Mediunidade dos santos* era uma "Nona Sinfonia", que necessitava, todavia, de um acabamento, e me dispus ao trabalho, o que só pôde ser realizado graças ao concurso do nosso amigo Dr. Hércio Arantes, que com muita paciência e bondade orientou-nos e nos deu motivação. É importante considerar que a obra estuda a mediunidade dos heróis católicos como um epifenômeno, resultado do processo de santificação. E entende-se que esse ponto de vista é o mais razoável, uma vez que a santidade passa a ser um requisito para a boa mediunidade e não o inverso, como o faz a igreja romana. Esta sustenta que para canonizar uma personalidade de vida santificada é preciso comprovar que ela foi médium e só então beatificá-la. Tal ordem torna a santidade um subproduto da mediunidade e não o inverso, que é o que o Espiritismo defende. Emmanuel nos ensina no livro, cujo título é o seu próprio nome:[8]

> "Os médiuns, em sua generalidade, não são missionários, na acepção comum do termo. São almas que fracassaram desastradamente, que contrariaram, sobremaneira, o curso das leis divinas, e que resgatam, sob o

---

[8] *Emmanuel*, uma psicografia de Francisco Cândido Xavier, pelo espírito de Emmanuel (FEB, 1938).

peso de severos compromissos e ilimitadas responsabilidades, o passado obscuro e delituoso. O seu pretérito, muitas vezes, se encontra enodoado de graves deslizes e de erros clamorosos. Quase sempre, são espíritos que tombaram dos cumes sociais, pelos abusos do poder, da autoridade, da fortuna e da inteligência, e que regressam ao orbe terráqueo para se sacrificar em favor de grande número de almas que desviaram das sendas luminosas da fé, da caridade e da virtude. São almas arrependidas, que procuram arrebanhar todas as felicidades que perderam reorganizando, com sacrifícios, tudo quanto esfacelaram nos seus instantes de criminosas arbitrariedades e de condenável insânia".

Emmanuel transmite-nos a sua racionalidade, fazendo-nos compreender que a fração expiatória da mediunidade encontra-se em determinada disfunção constitucional do cérebro, que o mantém em estado alterado de modo crônico e superalterado na crise aguda do processo propriamente dito. Desse modo, no contexto de uma prova, que é a de renunciar-se a si mesmo, como o pediu Jesus,[9] pode o espírito depurar-se de seus desvarios anteriores, cumprindo, assim, a mediunidade uma dupla função educadora da alma. Observo, na minha vida clínica, que muitas criaturas angustiam-se, sem o saber, nesse eclodir de suas faculdades psíquicas, buscando tratamento farmacológico, quando o de que necessitariam seria apenas oração e a prática da verda-

---

[9] Mateus, 16: 24: "Então disse Jesus aos seus discípulos: 'Se alguém quiser vir após mim, renuncie-se a si mesmo, tome sobre si a sua cruz e siga-me'". *Bíblia Online*. Disponível em: <https://www.bibliaonline.com.br/acf/mt/16>. Acesso em: 7 set. 2015.

deira caridade cristã. Esta seria a senha para converter uma lesão anímica em paz de espírito, no cumprimento da Lei de Causa e Efeito. As vaidades são ervas daninhas que frustram todo esse projeto, desperdiçando a ajuda dos mentores para se envolver no canto das sereias falaciosas. É imperioso tocar no tema da baixa qualidade das produções mediúnicas da atualidade. E quantas vozes da razão e da inteligência espíritas e não-espíritas levantam-se para questionar o quão sofrível e prosaico se edita em nome de uma faculdade que visa justamente o inverso.

Clareie Deus as mentes e os corações dos médiuns, a fim de que eles, na humildade que deve ser o seu dom maior, busquem renovar seus créditos no banco da Providência Divina, que, invariavelmente, reescalona as dívidas, convertendo-as em oportunidades de renovação.

– Escola Jesus Cristo e seu Instituto Allan Kardec

Conformemo-nos
com o possível
para não permanecermos
no silêncio do impossível

Querida Hildinha, meu caro Celsinho, bons amigos Rubens e Nely, Deus nos abençoe.

Estamos aqui recordando as nossas reuniões da abençoada Escola Jesus Cristo.

A alegria transborda de meu pobre espírito ao abraçá--los. E a oportunidade é limitada para dizer o que desejo, do meu amor por vocês e por todos os nossos companheiros que se acham a distância, conquanto nos sintamos juntos em qualquer parte.

O pensamento vai longe em demasia, no entanto, não posso desgoverná-lo à vista das dimensões que nos regem.

Apesar disso, preciso transmitir-lhes o meu contentamento, ao agradecer a vocês o amor fraternal e a segurança que sustentam em nossa instituição. Todos trabalham e todos evoluem, dando-se as mãos entre si.

Se pudesse, falar-lhes-ia da minha enorme emoção neste instante... Entretanto, posso fazer isso com lágrimas, que são as letras dos meus mais íntimos sentimentos. Não pensei nisso aí, em minha vida, que o pranto conseguisse fazer o que não posso, usando letras e palavras, que são sinais, quais tijolos frios que entram na construção de uma casa na Terra. Superpõem-se uns aos outros, concretizando os planos do arquiteto, mas não conseguem traduzir a espiritualidade e o calor do lar que revestem.

É isso mesmo. **Conformemo-nos com o possível para não permanecermos no silêncio do impossível.**

Hilda querida, vamos bem, apesar da saudade de nossa convivência. Nossos filhos continuam sendo os vínculos que, para a continuação de nossa felicidade, nos prendem um ao outro. Todos eles são admiravelmente bons, e não posso efetuar destaques, impraticáveis para quem ama. Não posso dirigir-me pessoalmente a cada um, porquanto o ensejo de nosso intercâmbio deve ser rápido, tão rápido, que não é possível gastar os minutos com os adjetivos e sinônimos que demandariam no intento. Carlinhos, Margarida, Flavinho, Luisinho e Celsinho são nossas ligações que se elevam em nossas preces até Jesus, o Senhor e Divino Mestre de nossas vidas.

Quero agradecer ao Rubens e Nely, extremamente ligados ao Celsinho, quanto fazem na sustentação de nossos ideais.

Tantos amigos notáveis nos marcam o caminho, que, mais uma vez, envio meus agradecimentos a todos.

Você, querida Hildinha,[1] desejaria localizar a minha nova moradia... Em verdade, a nossa casa feliz é a minha moradia de sempre, mas, na atualidade, em nossos níveis de trabalho e aprendizado, resido temporariamente na Estância Dom Bosco, que não tem as medidas de um colégio, mas, sim, a amplitude de uma cidade, profundamente cristã, onde mantém o relacionamento com muitos irmãos e amigos, tal qual me acontece neste momento, em que tenho comigo a companhia de nossos queridos Virgílio e Inocêncio, que se dispuseram a acompanhar-me até aqui e que se fazem lembrados a vocês com um grande abraço.

Temos um esquema longo e sistemático para o prosseguimento de nossos estudos da Doutrina Espírita Cristã e de outros ramos da árvore bendita que Jesus plantou na Terra para a regeneração da vida planetária.

Quanto se nos faz possível, retornamos às nossas tarefas na Escola, nossa casa de Bênçãos, que hasteou em Campos a bandeira do Evangelho, com a beleza e a simplicidade com que o Divino Mestre no-lo transmitiu.

Temos vários irmãos da escola, desencarnados tanto quanto nós, em diversos setores que se compatibilizam com o grau de conhecimento evangélico que adquiriram.

A comunicação entre nós é muito mais fácil que qual-

---

[1] Após a terceira mensagem, psicografada cerca de 4 anos antes, minha mãe interessou-se muito, junto ao nosso querido Chico, por informações acerca dessa estância espiritual dirigida por Dom Bosco. Um ano após, em sua quarta comunicação, ele ainda não se refere a ela, esclarecendo as questões nesta sua quinta carta.

quer dos melhores veículos do plano terrestre, melhor que o rádio e a televisão. A vida por aqui está repleta de grandeza espiritual e, ao ver-me com a saúde completamente refeita, noto que mais felicidade para nós não seria possível em nossa relação nos contextos residenciais.

Aqui, a saudade é a única flor que destoa na formação de nossos jardins. A alegria e o otimismo desabrocham espontaneamente em nossos relacionamentos uns com os outros. Mas a saudade é uma espécie de tiririca no cultivo das flores que nos surpreendem pelas cores e modalidades, as mais variadas com que se apresentam.

Estimo, porém, ver você restabelecendo o nosso Clube da Fraternidade e orgulho-me de fitar a sua bondade e paciência com as nossas crianças.

Grande companheira, nós amamos você profundamente pelas bênçãos que assimilou em nosso convívio e distribui com tantas almas sedentas de luz, porque a dedicação às nossas crianças são exemplos de compreensão e maternidade que você soube reunir e abrigar em seu coração de mãe.

Agradeço a Deus tê-la encontrado e conseguido dialogar com você em tempos de companheirismo e lealdade inconfundíveis.

Não posso escrever mais. As lágrimas assomam de meu coração para os olhos e pensamentos, como vagas de um rio que a chuva enriquece.

Agradeço a todos os corações desta Casa de Bênçãos pela oportunidade da intercomunicação, com o carinho e a gratidão de sempre.

Para você, querida Hildinha, minha ternura de com-

panheiro, que você preparou e edificou para ser um dia o servidor de Jesus que desejo ser.

Para Celsinho, meu abraço paternal de reconhecimento.

Para Rubens e Nely e para todos os nossos da Escola Jesus Cristo, as minhas afetuosas lembranças.

Hilda querida, você e todos os nossos entes queridos fiquem sempre com Deus, e receba, querida companheira, todo o coração do seu, sempre seu,

Clóvis

(Mensagem psicografada em reunião pública do Grupo Espírita da Prece, em Uberaba, MG, na noite de **29 de agosto de 1992**, na presença de sua esposa Hilda, seu filho Celso Vicente e dos confrades Rubens e Nely Fernandes, e inserida no livro *A volta*, com psicografias de Francisco Cândido Xavier, por espíritos diversos, IDE, Araras, SP, 1993.)

– *Pietro Ubaldi, Clóvis Tavares e
o menino Batuíra, o Batuirinha,
filho de Batista Lino, na cidade de São Paulo, em 1951*

A Estância Dom Bosco

"Se aspiras, assim, a convencer os que te rodeiam
quanto à verdade, não olvides que, acima de todos
os fenômenos passageiros e discutíveis, o único
argumento edificante de que dispões é o de tua
própria conduta no livro da própria vida."
— *Emmanuel* | Seara dos médiuns

Pode causar espécie a alguns confrades a declinação
do nome desse venerando espírito, querido tanto na Itália
quanto no Brasil, nos meios educacionais católicos, como o
é São João Bosco, Dom Bosco. No entanto, o fato é explicado na terceira mensagem de meu pai, quando ele afirma
que vinha sendo ajudado por muitos de seus biografados em
Mediunidade dos santos, e esse espírito sábio e amigo teve
um papel destacado na filosofia do trabalho realizado na Escola Jesus Cristo.

Quero destacar oito temas nesta sua quinta etapa da nossa correspondência espiritual: Clóvis e Dom Bosco, o estudo na Espiritualidade, a bandeira do Evangelho, a comunicação na Espiritualidade, a saudade, o Clube da Fraternidade, os tempos modernos e a intercomunicação.

1. *"Resido temporariamente na estância Dom Bosco."*

É bem verdade que muitas instituições salesianas desviaram-se de sua primitiva vocação, uma vez que passaram a volver o olhar para o ensino privado. No entanto, o meu pai, ainda solteiro, morando com os meninos do Lar dos Meninos, contíguo à Escola Jesus Cristo, desperta às 5 horas da manhã com a nítida sensação de um encontro espiritual. Vira o espírito de Dom Bosco, que, após algumas afirmações premonitórias sobre a sua vida, o encarrega de encetar o trabalho com as crianças no estilo da educação lúdica, qual foi o seu método na Terra. Como era comum, meu pai escreveu a Chico Xavier falando-lhe das suas interpretações do sonho e Chico então o convida a ir a Pedro Leopoldo. Nessa viagem, além de muitas revelações que não nos cabe abrir ao público, uma vez que confidenciais, reafirma Chico a necessidade da fundação do *Clube da Fraternidade*. E psicografa uma mensagem de Dom Bosco, que reproduzimos a seguir.

Antes, porém, é preciso considerar a importância de João Bosco para a educação moderna. Ele foi um precursor da moderna didática, foi precursor do emprego de técnicas teatrais na atividade cognitiva, dos jogos como método de refinamento da memória, da compreensão de que o lazer orientado pode trazer inúmeros benefícios às crianças. Dom Bosco foi, acima de tudo, precursor da inclusão, tema em voga, pois não se conformou com o fato de as escolas religiosas reduzirem o seu público-alvo apenas aos que podiam pagar, estendendo-as aos excluídos, utilizando técnicas hoje empregadas por organizações não governamentais que trabalham com menores delinquentes, como trabalhar com a realidade própria delas e na própria via pública, revolucionando a educação à época – o que ainda em nossos dias está bem avançado, de vez que nossos estabelecimentos de ensino ainda supervalorizam a inteligência lógico-matemática, quando é possível perceber um crescente número de menores que poderiam ser estimulados com o emprego de técnicas de potencialização das outras capacidades cognitivas.

Eis o texto:

Educação

"Amparar a infância é ajudar a sementeira. Orientar a mocidade para o bem é auxiliar a floração. A felicidade e a paz constituem serviços de aprimoramento. Transposto o escuro portal da morte, reconhecemos que o professor detém no mundo o cetro do mais alto sacerdócio.

A escola é santuário da revelação divina. Dentro dela, a mente humana retoma os tesouros do passado e entra em contato com as grandes vozes da sabedoria para a sublime ascensão no amor. E nos altares invisíveis de que se enriquece de luz, a alma que ensina participa com o Senhor do júbilo celeste de criar.

O mestre é, por isso, o oleiro milagroso das imagens, descerrando novos horizontes à vida e abrindo preciosas oportunidades de elevação.

Ó vós que buscastes na fonte do Espiritismo com Jesus um campo diferente de ação, vós, cujas antenas de fé viva conseguiram captar a palavra da verdade vitoriosa, contemplai conosco a paisagem atormentada e escura da experiência humana! Em toda parte a aflição clama por segurança, a dor espera lenitivo, a sombra pede luz e a desarmonia roga paz. É imprescindível nos devotemos todos à obra regenerativa do bem, recompondo destinos e sanando males aparentemente irremediáveis.

Não nos fixemos, porém, na breve existência de um dia! Procuremos a vida, a vida imperecível, que sobrepaira além do tempo e da morte.

Na criança, jaz o recomeço. No jovem, surge a base. Centralizar os nossos esforços no aperfeiçoamento é dever de quantos abraçam na Terra o idealismo de soerguimento e santificação. Não desejamos, com semelhantes enunciados, sentenciar a velhice ao abandono. A senectude dolorida ou desprezada é sempre credora de compaixão. O lar dos deserdados é serviço que não podemos esquecer. Reportamo-nos, contudo, à natureza, da qual devemos aguardar os melhores testemunhos de aplicação do Evangelho salvador.

Curto é o período de oportunidades substanciais de trabalho para a criatura de passagem na carne. Aproveitar esses dias rápidos, na missão do bem, é impositivo da lei que necessitamos respeitar, se não desejarmos os duros ensinamentos do reinício. E se sabemos que a reencarnação, por divino instituto de aperfeiçoamento, nos abre incessantemente as portas abençoadas de novas realizações, não será lícito olvidar que o serviço prestado à infância e à juventude é obra de caridade e proteção a nós mesmos. Ressurgiremos, amanhã, dos pais que hoje estamos formando.

Integrados no conhecimento de semelhante realidade, saibamos preparar o caminho iluminado e feliz para as crianças e para os moços do presente. Ninguém está exonerado da cooperação de boa vontade em favor das gerações renascentes. Quem se consagra a Jesus Cristo aprende a legar um mundo melhor aos que lhes seguem os passos, através do concurso fraterno ao próximo e da bondade para com a vida que comunga nas lides habituais.

O Evangelho não é um livro simplesmente. É um templo de ideias infinitas, miraculosa escola das almas, estabelecendo a nova humanidade. Para isso, gera santos e heróis, artistas e trabalhadores que, em se espalhando no mundo, nele determinam, de século a século, fecundas renovações para a glória do amor universal.

De certo, estamos ainda longe do tipo biológico habilitado a refletir integralmente a inspiração do Cristo, mas atendendo aos imperativos da educação, reduziremos a longa e porfiada luta.

Reconduzir para a dignificação, distribuir a cultura e o trabalho edificantes, animar a chama dos ideais redentores e proclamar os méritos da fraternidade é a maneira mais fácil de apagar as trevas do passado e inflamar os horizontes do futuro.

Tocados pela claridade da sublimação, ao esplendor da verdade, pelo conhecimento da sobrevivência além da morte, uni aos nossos os vossos braços e corações e construamos o reino de Deus com as sementes divinas da escola coroada de luz e compreensão, segurança e solidariedade.

A técnica seguirá levantando cidades e monumentos, traçando estradas e comunicações, ajustando máquinas e inventos, materializando a facilidade e o conforto para a civilização, mas só o amor garantirá no mundo a alegria de viver.

Façamos da oração a nossa escada de intercâmbio com o céu, socorramos a enfermidade e aliviemos o desespero, repartamos o pão e o remédio com os famintos e doentes, ergamos o teto acolhedor aos que vagueiam sem rumo e consolemos a dor que nos aparece de mil modos, cada dia nas sendas do mundo, mas não nos esqueçamos de que Jesus, acima de tudo, é o nosso divino Mestre e de que o Cristianismo é serviço de educação."[1]

João Bosco

---

[1] Mensagem psicografada por Francisco Cândido Xavier, em reunião pública no Centro Espírita Luiz Gonzaga, em Pedro Leopoldo, MG, na noite de 19 de julho de 1952, em especial para o primeiro número do jornal informativo *Roteiro*, publicado pela Escola Jesus Cristo.

A confirmação para a intuição de Clóvis não poderia ter sido melhor. Em uma bela tese sociológica, psicológica, e até mesmo biológica, o mestre da educação italiano corrobora a ideia nascente num encontro espiritual. Todavia, como o plano espiritual é pródigo em bênçãos quando há uma harmonia de vibrações, na noite seguinte recebe Clóvis mais uma mensagem, desta vez de Nina Arueira, que, qual arado espiritual, prepara ainda mais a terra boa para a semeadura do bem. E ditou ao nosso Chico outra pérola mediúnica, encorajando meu pai ao trabalho do *Clube da Fraternidade*.

A escola cristã

"Na escola evangélica, não nos esqueçamos de criar valores indispensáveis à concretização dos princípios do Cristianismo, tais como:
o ambiente doméstico.
A alegria natural.
O espírito de fraternidade.
O estudo edificante.
O trabalho digno.
O esporte sadio.
O cântico harmonioso.
O cinema educativo
A palavra generosa.
Os ensaios artísticos.
As excursões proveitosas.
O recreio tonificante.
Nesse santuário de amor puro, dos regimes do internato completo ao externato simples, poderemos formar:
trabalhadores competentes.
Artífices operosos.
Industriários diligentes.
Comerciários respeitáveis.
Professores distintos.

Artistas sublimados.

Auxiliares valiosos.

Servidores do campo.

Enfermeiros desvelados.

Irmãos abnegados do povo.

Lidadores constantes do bem.

Chefes louváveis da vida familiar

As universidades consagram os melhores títulos profissionais aos que lhe dedicam a inteligência em favor da sociedade transitória do mundo, mas a escola evangélica pode transformar em legionários do aperfeiçoamento e da salvação com Jesus todos aqueles que lhe confiam o coração."[2]

Nina Arueira

Estava garantida a fundação de mais um serviço na nossa escola, o *Clube da Fraternidade*, que foi inaugurado no dia 16 de agosto, menos de um mês após a recepção das belas mensagens de Dom Bosco e Nina Arueira. O obreiro era por demais lépido e não mediu esforços para lançar a mão no arado sem olhar a retaguarda. Estabelecida a similitude de pensamento, vontade e ação entre Dom Bosco e meu pai, entende-se o porquê de suas cartas espirituais dedicarem atenção redobrada ao nosso *Clube da Fraternidade*. É por isso que seu espírito sentiu-se reconfortado e agradecido à minha mãe ao saber que os trabalhos educativos e artísticos haviam retornado com ânimo e coragem. E assim como ele foi honrado pela Espiritualidade com as mensagens de Dom Bosco e de Nina, também ele, agora do outro lado da

---

[2] Mensagem psicografada por Francisco Cândido Xavier, em reunião pública no Centro Espírita Luiz Gonzaga, em Pedro Leopoldo, MG, na noite de 19 de julho de 1952, em especial para o primeiro número do jornal informativo *Roteiro*, publicado pela Escola Jesus Cristo.

vida, encoraja e entusiasma a todos nós com o trabalho educativo para a criança carente.

Fica esclarecido também o porquê de meu pai estar trabalhando na Estância Dom Bosco, que é como um bairro na colônia *Nosso Lar*, mais especificamente no *Ministério do Auxílio*. Quando minha mãe escutou pela primeira vez a mensagem, da voz do Chico, que a leu, como de costume, após o término da psicografia da noite, ouviu também dele mesmo que precisava fazer alguns esclarecimentos. E Chico falou ainda longo tempo sobre a Estância Dom Bosco. Mostrou-a no mapa de *Nosso Lar*, do livro da Heigorina Cunha.[3] Asseverou ainda que lá os espíritos preparam-se para o trabalho espiritual com as crianças antes de retornar à arena terrestre. É assim que recebemos a visita de companheiros interessados no trabalho artístico-musical e espiritual, e constatamos que o nosso convênio com a Espiritualidade está ainda em atividade. E enquanto nos dispusermos ao trabalho na Terra o Céu não nos abandonará e aquilo que se ligar na Terra estará ligado no espaço, mas se esmorecermos aqui perderemos o contato no mundo espiritual.[4] Isso é muito grave, porque é comum observarmos no meio espírita as capitulações diante da luta quando esta se torna árdua. Osvaldo Cruz dizia: *"Não esmorecer para não desmerecer"*– frase que meu pai admirava muito a ponto de imprimir cartões com tais dizeres e distribui-los aos seus alunos.

Com essa frase de efeito, confirmou o nosso cientista que não nos é lícito abandonar a arena na hora que as dificuldades se avolumam. A hora é de buscar ajuda e certamente a receberemos.

---

[3] *Cidade no Além*, de Heigorina Cunha e Chico Xavier, pelos espíritos André Luiz e Lucius (IDE, 1983).
[4] Mateus, 16: 19: "E eu te darei as chaves do reino dos céus e tudo o que ligares na Terra será ligado nos céus, e tudo o que desligares na Terra será desligado nos céus". *Bíblia Online*. Disponível em: <https://www.bibliaonline.com.br/acf/mt/16>. Acesso em: 7 set. 2015.

2. "Temos um esquema longo e sistemático para o prosseguimento de nossos estudos."

Diz meu pai que seus estudos na Estância Dom Bosco dedicam-se ao Evangelho de Jesus, às obras da codificação e a outros ramos da árvore bendita que Jesus plantou em nosso mundo para a sua regeneração. E o que considero importante destacar aqui é que na Espiritualidade desfazem-se nossas intolerâncias. E creio que os ramos da árvore bendita que o Mestre plantou neste mundo não se resumem às diversas denominações cristãs. Entendo que homens do século XX, que foi um século admirável por sua riqueza e por suas mudanças bruscas e revolucionárias em nossa realidade social, econômica, psicológica, cultural e espiritual, como alguns luminares da ciência, da arte, da política e das religiões, representam esteios desses ramos da árvore de Jesus – Mohandas Karamchand Gandhi, Sundar Singh, Rabindranath Tagore, para falar nos indianos, sendo um da política, um da religião e outro da literatura, Angelo Giuseppe Roncalli (o papa João XXIII), Albert Schweitzer, Albert Einstein, Sigmund Freud, Carl Gustav Jung, Karl Marx, Martin Luther King, Pierre Teilhard de Chardin, Pietro Ubaldi, Francisco Cândido Xavier e tantos outros que fizeram luzes sobre um mundo conturbado por correntes de ódio e sobre o caos imperante. Se essas vertentes da doutrina de Jesus convergem para um mesmo fim, que é a regeneração do planeta, como um grande organismo cósmico enfermo, em contínuo processo de degradação, é natural que os estudos nas esferas superiores busquem todo o conhecimento necessário que seja possível, a fim de que logremos, aqui na Terra, receber influxos salutares e restauradores. Vivemos uma época que tende para a unidade na diversidade. Há um grande apelo para o ecumenismo, para a tolerância, para a convivência pacífica e, inclusive, para a celebração de certas cerimônias em harmonia de denominações. Entendo que os espíritas devem ser promotores dessa era nova entre os homens, uma vez que vislumbramos horizontes mais vastos no espaço e no tempo.

3. "Nossa escola hasteou, em Campos, a bandeira do Evangelho."

Flamular uma bandeira é proclamar, aos quatro ventos, uma ideia. E Clóvis, em plena década de 30, com sua judiciosa visão da vida, encontrou no Evangelho a luz para o Espiritismo. Ele nos ensinava que a Terceira Revelação não era maior que a segunda, mas sim a sua complementação. A Terceira Revelação é, justamente, o Consolador, que é um advogado de nossa causa. Estamos todos sofrendo um processo no grande tribunal de Deus. Mas o nosso advogado é o Espírito de Verdade, o paráclito. Ele não é um promotor, mas um defensor. Ele abraça a nossa causa. A razoabilidade dos parâmetros doutrinários nos confere uma maior liberdade e uma maior responsabilidade. Entretanto, não nos é lícito perder de vista o estudo do Novo Testamento. Allan Kardec, ao escrever *O Evangelho segundo o Espiritismo*,[5] não nos sentenciou a restringir nosso conhecimento evangélico ao Sermão do Monte, que é, em síntese, o livro de Kardec. Ele destaca que preferiu não incluir novas teses sob a interpretação dos livros sagrados para não causar mais celeuma do que já havia gerado com *O Livro dos Espíritos*.[6]

Muitos espíritas estudam o Novo Testamento e para Clóvis Tavares este era um livro indispensável em nossas classes de estudo doutrinário. Confesso que minha cultura espiritual seria absolutamente prejudicada se não tivesse aprendido a ler e a estudar o Novo Testamento, e também o Velho, com seus Salmos, Provérbios, Tobias, que compõem um livro de mediunidade, Jó, Jonas, Isaías, os livros de Moisés, que são a nossa base doutrinária, e muitos outros.

---

[5] KARDEC, *op. cit.*
[6] *O Livro dos Espíritos*, Allan Kardec (FEB, 1944).

A bandeira do Evangelho a que meu pai se refere é uma solicitação particular de Emmanuel, em 1940, transmitida quando da primeira visita de Chico Xavier à nossa cidade. Chico, sentindo as vibrações das comunidades cristãs primeiras em nossa escola, disse que Emmanuel pedia que jamais se afastasse da vertente evangélica do Espiritismo. E assim fez Clóvis, sendo, inclusive, considerado radical, fanático, obsidiado, por padre, pastor, bispo, além de outros adjetivos em tom pejorativo, e que, de modo algum, o demoveram de seus propósitos. Ainda hoje é essa bandeira que erguemos e devemos erguer em nossos corações e em nossa práxis institucional espírita.

4. "A comunicação entre nós é mais fácil que o rádio."

Guglielmo Marconi é, no nosso entendimento de telecomunicações, ainda insuperável. O rádio, a televisão, a telefonia móvel, a transmissão de dados pouca coisa mais são que seu primeiro transmissor por ondas hertzianas. Falar das telecomunicações em esferas sublimadas na vida espiritual é quase uma redundância! Sabe-se que Marconi foi instrumento de Deus no mundo e enquanto encarnado recordou-se da Física que já estudara antes do nascimento. Obviamente, há que se entender que os mecanismos de comunicação à distância dos desencarnados são infinitamente superiores e não ficam fora de área de cobertura. Alguns espíritos, inclusive, não necessitam de aparelhos e podem, eles mesmos, com sua sensibilidade psíquica, comunicar-se sem palavras, como pode se observar fartamente na obra de André Luiz.[7]

---

[7] Veja as obras de Francisco Cândido Xavier, pelo espírito André Luiz: *Nosso Lar* (1944), *Os mensageiros* (1944), *Missionários da luz* (1945), *Obreiros da vida eterna* (1946), *No mundo maior* (1947), *Libertação* (1949), *Nos domínios da mediunidade* (1955), *Ação e reação* (1957), *Evolução em dois mundos* (1959), *Mecanismos da mediunidade* (1960), pela FEB.

5. "A saudade é a única flor que destoa na formação de nossos jardins."

É curioso pensar o ser humano na Erraticidade sofrendo da saudade. É comum pensar que só na nossa dimensão física sentimos falta de quem partiu. Em algumas passagens de suas mensagens, meu pai diz sentir falta dos que ficaram e dos que esperava reencontrar, e já haviam retornado. Esses possíveis desencontros dos espíritos que se amam suscitam também essa flor descolorida no meio de um jardim policrômico e olorizado, harmonioso e suave. Mas não é perfeito, e não é perfeito porque falta o que se ama. Este é mais um detalhe que nossa vida errática nos proporciona. Somos espíritos ainda em trânsito dimensional. Encontros, reencontros e desencontros nas duas realidades ainda podem suceder-se por séculos, contudo nos fica a certeza de uma futura *"união sem adeus"*, para recordar-nos do belo soneto de Auta de Souza.[8]

O espírito desencarnado não dispõe de tempo e liberdade total para visitar os seus como e quando bem o entender. A disciplina rege todos os departamentos e muita vez ele só pode rever seus parentes e amigos em uma assembleia religiosa. No nosso caso, a nossa frequência à nossa casa espírita cria condições favoráveis ao reencontro. E as emoções que eles sentem ao rever-nos são também sentidas por nós, pois, durante um estudo ou palestra, o seu semblante se nos surge na mente e as lágrimas brotam.

O nosso desdobramento natural do sono é também um período bom se nos prepararmos para ele. Se a *oração é a chave da manhã e o ferrolho da noite*, como nos pede Mahatma Gandhi, serão momentos propícios ao encontro

---

[8] *Auta de Souza*, psicografia de Francisco Cândido Xavier pelo IDE, 1980.

espiritual, uma vez que estaremos na interface entre os dois mundos e temporariamente libertos do aparelho denso que nos junge à Terra.

A saudade, essa erva que cresce involuntariamente em todos os jardins, ainda será nossa companheira de muitos séculos e ainda que suas cores sejam pálidas ela também perfuma o ambiente.

6. *"Estimo ver você restabelecendo o nosso* Clube da Fraternidade.*"*

Os elos de uma corrente que transpõe os portais da existência física podem ser observados no contentamento de meu pai com o trabalho do *Clube da Fraternidade*. Sua conexão com a Estância Dom Bosco, que parece ser a incubadora espiritual de colaboradores que reencarnam para lá operarem laboriosamente no bem, é uma notícia que muito nos felicita e creio firmemente que todas as instituições cristãs têm uma matriz espiritual de onde partem os eflúvios confortadores e regeneradores de nossas energias psíquicas. Trabalhamos a semana inteira e nos domingo temos as manhãs e as tardes intensamente devotadas aos serviços da escola e do clube. E é justo declinar aqui o nome de minha mãe, Hilda, que, aos 73 anos, dirige a escola durante a semana, cumprindo horário integral, e aos sábados e domingos dedica-se às crianças, merecendo, portanto, os reiterados encômios e incentivos de seu companheiro da Espiritualidade.

7. *"Dialogar em tempos de companheirismo e lealdade."*

Eu diria que a evolução tecnológica facilitou a comunicação entre nós, na Terra, mas estamos mais sós. Estamos isolados num individualismo sem precedentes, e agradeço também a Deus por ter vivido a minha vida de jovem espírita numa década que ainda valorizava o convívio para diálogos, diletantismo, o que nos fazia sentir parte integrante de algo maior. Eu vivi a minha juventude nos anos 70 e creio que papai e mamãe, que me precederam uns 30 anos, viveram a verdadeira *belle époque* da fraternidade e da solidariedade. Todavia, os tempos são outros. Agora é a hora do *"não estou nem aí"* e do *"deixo a vida me levar"*, que se populariza através de uma arte musical deteriorada, própria da desagregação do tecido social. Isso não deve, de modo algum, desestimular a nós e nem aos jovens, pois cada momento tem o seu propósito na grande obra da Criação. Converter o ritmo alucinado do momento em acordes harmônicos e suaves deve ser um projeto para a juventude cristã do alvorecer do Terceiro Milênio.

8. *"Agradeço a oportunidade da intercomunicação."*

A mediunidade merece, de todo espírita, o máximo zelo e a máxima economia. Ser sóbrio com a utilização do intercâmbio espiritual, seja na forma de pedido de orações, de passes magnéticos, de busca de mensagens de entes desencarnados, de conselhos espirituais, de curiosidade fenomênica, de tratamentos espirituais e de uma inaceitável intimidade com a Espiritualidade é nosso dever comum.

A abertura de um canal entre as duas realidades da vida se processa através do sacrifício do médium. É bem verdade que ele precisa da mediunidade como um homem com policitemia necessitaria doar sangue, mas não é por isso que vamos sangrá-lo desnecessariamente. Respeitar o *dom da intercomunicação* é algo que precisa ser, urgentemente, a bandeira de toda casa espírita. Educar os nossos irmãos em sofrimento, para que não vivam em excessiva dependência de socorro espiritual, compreendendo que a verdadeira harmonia espiritual ocorre em nossa própria consciência.

– Hilda e Clóvis Tavares em 1954

– *Clóvis Tavares em uma de suas concorridas palestras na Escola Jesus Cristo aos domingos, na década de 40*

Trabalho foi a legenda que o Evangelho de Jesus nos induziu a estudar

Querida Hilda,

Deus nos abençoe.

Este é um encontro de corações. Sinto-me feliz ao ter tão perto a sua presença e de nossas irmãs Gilda e Maria do Carmo integrando o grupo de amigos desta casa, que tão alto nos fala ao espírito.

Quando os assuntos emergem do coração, a fim de ser qualificados, é muito difícil erradicar a palavra do arquivo da memória, de modo a tratarmos com acerto daquilo que anelamos dizer. De qualquer modo, devo dizer a você que me vejo muito feliz com a possibilidade de reuni-la, com todos os companheiros desta reunião fraterna, em um abraço de servidor pequeno e desvalioso da Causa que aspiramos a servir.

A emoção que me agita o íntimo é do mais alto porte para minha pequenez, porque me sinto em dificuldade para expandir os sentimentos que se me enovelam na alma.

Falemos, pois, de nosso trabalho humilde em nossa Escola Jesus Cristo, já que **"trabalho" foi a legenda que o Evangelho de Jesus nos induziu a estudar**.

Hoje perdi a feição ditatorial ou mesmo arrogante com que me dirigia a nossa comunidade.[1] Você me compreende quanto quero exprimir. Aquele amor que palpita em nosso íntimo para com a nossa instituição inflamava-me as ideias e observava a mim mesmo falando com tal lealdade aos nossos princípios que parecia, aos meus próprios olhos, tomado de uma firmeza talvez dura para tratar de nossas realizações e ideais.

Por isso, pensando assim, peço a você para nos referirmos a nossa "Casa de Lições" aprovando, com o meu coração pobre, as suas atividades voltadas ao nosso Instituto, esperando que você perceba que não estou praticando o elogio em família, e sim rememorando superficialmente a sua atuação junto aos nossos companheiros e irmãos da Escola, na certeza de que você continuará fortalecida em nossos compromissos espirituais.

Muito grato por sua firmeza na defensiva dos meus sonhos de trabalho que não cheguei a realizar.[2] Muitas vezes ima-

---

[1] Consideramos que aqui referia-se meu pai ao seu extremado zelo para com a instituição que fundara, cuidando para que não nos enveredássemos por aventuras marginais, como solicita ele mesmo em sua primeira mensagem. Entendemos por aventuras marginais as perigosas insinuações no caminho da mediunidade, campo que ele considerou em vida na Terra dos mais delicados e que nos podem conduzir aos grandes enganos. Para meu pai, a mediunidade é, simultaneamente, a porta libertadora de nossa Doutrina e sua possibilidade de queda.
[2] Aqui refere-se ele ao "Curso do Novo Testamento", realizado às quartas-feiras, e ao Clube da Fraternidade.

gino, querida Hilda, que o Plano Espiritual me trouxe antes às realidades da vida, na Vida Maior, para que você, sem a minha influência, pudesse desabrochar inteiramente na condição de Flor do Bem na casa que o Senhor nos confiou a zelar.

Perdoa-me se muitas vezes superestimava o imaginário desacordo entre nós, como se quisesse subestimar as suas tarefas. Hoje, porém, se não melhorei, estou renovado, reconhecendo-me contente com os serviços que deixei em suas mãos.

Agradeço ainda a você a sua constante assistência aos nossos filhos e, agora podemos dizer, aos nossos netos, porque a sua nobre missão de educadora se mostra mais viva e mais atuante para o bem de todos.

Peço aos Mensageiros do Senhor fortificá-la e inspirá-la sempre, para que você continue merecendo e recebendo a assistência de nossos Maiores.

De todos os nossos entes queridos nada tenho a assinalar, senão que estou satisfeito com a rota que todos vão traçando a si mesmos.

Em tempos passados, o nosso Flavinho, hoje médico, trocou comigo pensamentos e ilações quanto a incursões dele e dos irmãos nos domínios da política[3] e entendo o idealismo com que os mais jovens se deixam incitar por semelhante setor da vida. É verdade que a Política é sempre respeitável em seus fundamentos, no entanto, creio que você, mãe amorosa e digna, concordará comigo que a juventude é suficientemente inexperiente para entrar nessa arena de lutas.

---

[3] Realmente a minha mãe foi procurada por militantes e pesquisadores das Ciências Sociais de uma universidade para levantar arquivos de jornais, de pequenas publicações e traduções que ele e Nina haviam feito outrora. Antes mesmo de recebermos essa missiva, tivemos o cuidado de não fornecer nenhum documento daqueles tempos, que devem tornar-se cinzas, pois ainda se escuta o eco das palavras do Bispo Remy ao rei carolíngio Clóvis: "*Queima tudo que adoraste! Adora tudo que queimaste!*"

Imagine você, querida Hilda, que ideias que me requeimaram o cérebro, na década de 30, quando estava na quadra dos vinte anos, documentadas, estão sendo revistas e reanotadas para figurarem na imprensa partidária. São artigos que procuram exumar-me conceitos dos quais me separei há anos, e, assim fazem, com a intenção de me constituir em instrumento dos anseios que lhes caracterizam as ambições políticas. Creia que tive necessidade de orar com urgência, rogando aos Mentores Espirituais que não me permitissem experimentar semelhante provação inútil, depois de ter deixado o corpo terrestre.

Compreendo a Política de ordem superior, que realiza o essencial para o bem de nossos contemporâneos; mas, se possuímos milhares de inteligências engajadas nas aventuras da vida pública, por que não entregar essa ou aquela cota de nossas forças na expansão do Evangelho de Jesus se, efetivamente, ainda somos tão poucos?

Temos em nossa Escola recursos e meios à vontade para trabalhar em favor dos necessitados e não nos seria lícito abandonar as nossas posições de trabalho para abraçar movimentos que realmente podem ser muito dignos, quando temos tanto a fazer em benefício do próximo.

Agradeço ao Flavinho e aos irmãos o carinho com que revisaram os próprios pensamentos e integram hoje as fileiras dos trabalhadores do Evangelho, não se distraindo do essencial para procurar o inseguro ou o improvável.

Graças a Deus tive e tenho tudo em você, a companheira ideal que não desacerta de rumo. Sou grato a você por compreender meus comentários despretensiosos de pai e amigo. O tempo traz novo tempo e os nossos meninos terão tempo para considerarem que temos em mãos todos os recursos para nos dedicarmos, sempre mais, à felicidade de aprender e servir.

Desculpe-me esse longo trecho da carta com que perservero em meus cuidados paternais, embora a minha certeza de que nosso Pai é Deus, imensamente Misericordioso.

Sinto-me desculpado por você e isso me reconforta.

Sabendo, de antemão, das possibilidades deste nosso encontro, diversos de nossos entes amados me procuraram para lhe dar afetuosas lembranças. Os amados pais Mussa[4] me encarregaram de abraçá-la. O nosso irmão David[5] agradece as vibrações de auxílio e informa que prossegue lutando para melhorar o painel de sua preciosa vida em família. Ruth,[6] a esposa de nosso amigo Francisco Monteiro,[7] através de pessoa amiga, nos solicitou entregar-lhe carinhosas lembranças. O nosso irmão Nuno agradece a você por sua cooperação a benefício dos familiares aos quais ainda se observa vinculado.

Os amigos são muitos e os nossos momentos aqui são poucos. Vou terminar agradecendo às nossas irmãs Gilda e Maria do Carmo por se decidirem a vir até aqui em sua companhia, entendendo a grande distância espacial que foram compelidas a vencer para chegar até aqui.

O Carlinhos, que se me fez companheiro dedicado, beija-lhe as mãos.

E aqui finalizo, querendo ficar, mas tendo de voltar no tempo justo. Muito grato, querida Hildinha, Deus nos abençoe.

---

[4] Nagib Mussa e Maria Chacur Mussa, meus avós maternos. Imigrantes libaneses da década de 20. Viveram como professor e costureira, respectivamente, e seu modo de vida simples imprimiu nos filhos o prazer pelo estudo. Dos cinco, nenhum se tornou comerciante. Nagib desencarnou em 1980 e Maria, em 1985.

[5] David Mussa, meu tio, juiz de Direito no Rio de Janeiro, desencarnou em 1983.

[6] Ruth Oliveira Monteiro, já citada, desencarnada em 16 de junho de 1987.

[7] Francisco Monteiro, marido de Ruth, funcionário do Banco do Brasil, desencarnou em 5 de maio de 1994.

Muito amor e devotamento do companheiro sempre seu, sempre,

Clóvis

(Mensagem psicografada por Francisco Cândido Xavier no Grupo Espírita da Prece, em Uberaba, MG, na noite de **5 de junho de 1993**, na presença de sua esposa Hilda, acompanhada das amigas Gilda e Maria do Carmo – Cacau.)

– Clóvis Tavares com a avó de Nina Arueira,
D. Francisca Rocha, em 1940,
na cidade de Cachoeiro do Itapemirim, ES

– *Meninas da Casa da Criança na Escola Jesus Cristo, em 1959*

A doutrina social do Cristo

"Assim como demonstramos,
o Espiritismo pode influenciar poderosamente
sobre a economia social e a vida pública,
pois sua concepção da existência e do destino
vem facilitar o desenvolvimento de todas as obras
da coletividade e da solidariedade."
– *León Denis* | Socialismo e Espiritismo

O ano de 1993 assinalou a última mensagem de meu pai. Minha mãe visitou ainda o amigo Chico Xavier uma ou duas vezes por ano até o ano de 2001.

Em 2002, o ano de seu desenlace físico, desafortunadamente não pôde ela realizar a viagem que ansiava por motivos de saúde.

No dia 30 de junho, em vão, tentávamos entrar em contato telefônico com o Eurípedes[1] ou com outro amigo de Uberaba, mas os troncos estavam congestionados e não se completavam as chamadas.

Desde a sua viagem no ano de 1984, mamãe escutava do querido médium algumas considerações sobre o trabalho que o meu pai realizava na vida espiritual e de sua ciência acerca das nossas lutas na Escola Jesus Cristo. As palestras com o Chico sempre a motivavam a perseverar em seus propósitos, nem sempre facilitados pela adversidade de circunstâncias econômicas e da carência do fator humano. Um dia, as mensagens espirituais silenciaram... Mas sempre tivemos um enorme respeito pelas faculdades de nosso Chico e reconhecíamos a sua debilidade física, o que nos levou a jamais questionar as razões do silêncio espiritual de meu pai. Discutindo a respeito, em família, reconhecemos que nossa graça fora incomensurável e era chegada a hora de "ver sem crer", recordando a advertência de nosso Senhor a Tomé.[2] O intercâmbio que tivéramos com o nosso querido Carlinhos[3] e com o nosso pai foi por demais intenso e verdadeiro, o que exigia de nós outros o testemunho da fé e o dever de divulgar essa boa notícia aos nossos irmãos, valorizando a nossa Doutrina consoladora e a missão ímpar de Chico Xavier. Ela manteve as visitas a Uberaba, sempre trazendo de lá os *recados* para os irmãos que solicitavam orientações do Chico.

Em 1997, em visita a Uberaba, estava eu em companhia de minha mãe e cumpri o dever de entregar ao nosso Chico umas poucas cartas, devidamente fechadas. Fomos

[1] Eurípedes Humberto Higino dos Reis, filho do coração de Chico Xavier.
[2] João, 20: 29: "Disse-lhe Jesus: 'Porque me viste, creste? Bem-aventurados os que não viram e creram." *Bíblia Online*. Disponível em: <https://www.bibliaonline.com.br/acf/jo/20>. Acesso em: 7 set. 2015.
[3] *A morte é simples mudança*, psicografia de Francisco Cândido Xavier, pelo espírito Carlos Vítor Mussa Tavares, uma publicação da Madras Espírita, 2005.

almoçar em sua casa e ele e Eurípedes receberam-nos com muito carinho. Um pouco constrangido, entreguei a ele as cartinhas e disse que não havia pressa para sua resposta. Ele as colocou no bolso do paletó. Almoçamos e Chico fez um pequeno descanso. Às 4 da tarde, aproximadamente, ele levantou-se e veio ao meu encontro, mexendo nos envelopes. Percebi que todos continuavam fechados. Ele utilizou-se da psicometria, pois recomendou-me conselhos aos missivistas, percorrendo discretamente, e sem alarde, a mão direita sobre os envelopes fechados. Parecia um *scanner* espiritual!

A sexta carta de meu pai destinava-se, certamente, no contexto de um programa previamente traçado, a ser a derradeira, pois trata em tom conclusivo o que deixara em aberto nas mensagens anteriores, como as notícias de parentes e amigos, as recomendações ao seu rebanho da Escola Jesus Cristo, sua declaração definitiva de que a minha mãe era a sua legatária espiritual, os temas políticos e uma despedida. Como um antigo militante, refere-se, via de regra, à existência de uma causa. E por bondade nos inclui e considera, a todos os trabalhadores da escola, seus companheiros. Tal inclusão é um fator de estímulo espiritual. Sabe-se que o espírita tem alguns pruridos quanto a se considerar detentor de missão. E obviamente não somos missionários *stricto senso*, mas integrantes de uma causa nobre, peças de uma engrenagem, ovelhas de um redil espiritual.

Clóvis Tavares era um grande fomentador de ideias e ideais. Muitos de seus alunos motivaram-se para o estudo através de suas conversas edificantes. Mandava imprimir e distribuía a eles cartões com os dizeres de Osvaldo Cruz: *"Não esmorecer para não desmerecer"*.[4] Recordo-me de uma normalista que foi nos visitar em nossa casa, em com-

---

[4] Disponível em: <http://www.abc.org.br/historia/c_leitaot2.html>. Acesso em: 7 set. 2015.

panhia dos pais. Ela desejava fazer o vestibular de Medicina e seus pais preferiam que ela seguisse a carreira do Magistério. Após longa palestra em nossa sala de visitas, a portas fechadas, saiu toda a família aliviada e satisfeita. A moça realizou um brilhante curso médico, seguiu a sua vocação e seus pais descobriram que deveriam ser os seus maiores incentivadores. Ela é hoje respeitável médica em Campos, casada com um também distinto médico e tem uma filha que, igualmente, lhes segue os mesmos passos. E isso nos leva a refletir sobre as nossas possibilidades de interferir beneficamente nas histórias de vida de nossos próximos. Nesse caso particular, quantas ocorrências dependiam da jovem entrar para a faculdade de Medicina? Conhecer o noivo, casar-se, ter uma filha, esta estudar Medicina, e as outras incontáveis possibilidades que se abriram em sua vida profissional. De que modo isso interagiu nos pacientes sobre quem exerceu benéfica influência? E com os funcionários com quem ela lidou em sua ação profissional e pública? É salutar a interferência construtiva!

Ajudar alguém sempre será um recurso da Providência de Deus! O momento de ouro de auxiliar alguém é uma dádiva em nossa vida! Somos convidados a ser colaboradores de Deus e de Sua providência. É preciso ler nas entrelinhas dos fatos e nos colocar no lugar certo, na hora certa e prontos para fazer o necessário!

Ao comentar outro detalhe de suas recordações, sinto-me no dever moral de afirmar que *ditatorial* ou *arrogante* meu pai nunca foi. Aos 20 anos, assumiu a sua vocação espiritual e, inexplicavelmente, assumiu a direção de um grupo que já existia, o Grupo João Batista. Esse grupo, e todos os seus associados, resolvem autodissolver-se para integrar-se à nascente Escola Jesus Cristo. E assim como João Batista dissolveu o seu rebanho, integrando-o no rebanho daquele de quem não se considerava digno de atar as sandálias, também o Grupo João Batista diluiu-se no solúvel divino que provinha da escola de Jesus.

Em suas atividades espíritas, era um líder nato. Era criativo e portador de um magnetismo cativante. Seria isso *autoritarismo*? Entendo o *ditador* como alguém que se impõe e não que surja naturalmente por fatores intrínsecos da personalidade. *Arrogante* é um adjetivo que não se coaduna com o seu caráter. Quem visitasse a escola encontrava-o sempre junto aos assistidos, aos quais gostava de traduzir as verdades espirituais.

Num domingo, após a sua habitual palestra, visitou ele o *Pavilhão João de Deus*, onde é servida a sopa. Era o mês de junho e ele falara sobre o livro *50 anos depois,* de Emmanuel, lembrando situações da vida de Célia Lucius.[5] Uma pobre senhora agradeceu a palestra e a oportunidade de conhecer aquele episódio da vida de uma alma tão sublime. Veio então à sua mente uma ideia, que logo se concretizou. Passou a ler os romances de Emmanuel para o público nas tardes de sábado e muitos que justificavam que *não tinham óculos para leitura* frequentaram essas reuniões. Inúmeros foram *os sem óculos* que conheceram a literatura emmanuelina.

Zeloso, todavia, ele foi todo o tempo! E há uma raiz etimológica na palavra *zelo* que remonta à palavra *celos*, ciúme em espanhol, no sentido de *esmerado cuidado*. Muitos irmãos se indispuseram com ele por causa de sua ação disciplinadora e, por vezes, restritiva, que visava não perturbar a causa. Obviamente, a função de comando suscita o zelo que pode não ser bem compreendido por todos. Mas nada é pessoal quando se cuida do coletivo. A Psicologia conside-

---

[5] Oportunamente, revelaremos o porquê do mês de junho ser considerado o "mês de Célia" na nossa escola.

ra que tomar o coletivo pelo pessoal é um sintoma de distúrbio paranoide ou mania de perseguição. Espiritualmente, considera-se que o nome do distúrbio é *orgulho*, porque o ressentido se considera em uma situação de evidência na qual provavelmente não se encontra.

Mas Clóvis Tavares priorizou a Escola Jesus Cristo não se opondo a quem dele discordava e parecia repetir as palavras de Jesus aos setenta que o abandonaram: *"Não quereis vós também ir com eles?"*[6] Porém, ele sofria com as deserções. Sentia que eram como filhos pródigos, ovelhas e dracmas perdidas. Observei que em sua correspondência particular com Chico Xavier ele se questiona sobre suas atitudes disciplinadoras e as respostas de Chico, em cartas que vinham com a inscrição no canto superior esquerdo *Confidencial*, são consoladoras e pedem que ele permaneça na sua função de zelo com o rebanho.

Ele realmente era um pastor de ovelhas. Dizia que as ovelhas não têm bom senso de direção. É como se sofressem de uma espécie de labirintite e andassem de banda. Sozinhas, percorrem círculos, e apenas em rebanhos, com a ajuda de um pastor, assumem uma direção. Este é o sentido da parábola. Por curiosidade, infantilidade ou mesmo imaturidade perdemos o compasso do conjunto e qual nau à deriva circulamos diversas vezes o mesmo perímetro, até que a vertigem nos atire num abismo, do qual somos incapazes de sair sem ajuda. Mas penso que a Espiritualidade nos condiciona a um autoexame muito mais criterioso, sem as costumeiras atitudes defensivas do espírito encarnado, e por

---

[6] João, 6: 66. "À vista disso, muitos dos seus discípulos o abandonaram e já não andavam com ele. Então, perguntou Jesus aos doze: 'Porventura, quereis também vós outros retirar-vos?' Respondeu-lhe Simão Pedro: 'Senhor, para quem iremos? Tu tens as palavras da vida eterna'". *Bíblia Online*. Disponível em: <https://www.bibliaonline.com.br/acf/jo/6>. Acesso em: 7 set. 2015.

isso refere-se ele a *autoritarismo* e *arrogância*, que podem ser tomados mais na conta de humildade.

Minha mãe sempre teve em altíssima estima o trabalho de meu pai na Escola Jesus Cristo e jamais o incomodou com problemas comezinhos, de modo a não perturbar-lhe a concentração nas atividades espirituais. Com a sua desencarnação, assume ela novos compromissos, como as aulas do *Novo Testamento* e o *Clube da Fraternidade*. A dedicação com que abraçou as tarefas espirituais em nossa casa intensificou-se quando meu pai, em sua primeira mensagem, designou que ela era a sua própria presença na escola. E até uma companheira de trabalho, católica, comparou-a a Maria, cuja missão iniciou-se após o retorno de Jesus ao seu reino. Esse é um aspecto relevante no dinamismo da vida a dois. Os cônjuges associam as suas personalidades, que se unificam, na ressonância de seus pensamentos, de seus sentimentos, de suas vontades, de suas ações e de seus sonhos. Na ausência física de um deles, há uma potencialização anímica da personalidade do outro e, via de regra, observa-se o fenômeno mariano.

Sobre a esposa, diz ele nessa carta que ela surgiu como *"o desabrochar da flor do bem na casa que Jesus os confiou a zelar"*. É desnecessário dizer acerca da presença de minha mãe em todos os departamentos de nossa casa e o nosso público aprendeu a tê-la na conta da fiel depositária do inestimável legado espiritual de Clóvis Tavares. Não fosse a sua timidez inexplicável, reputo, seria ela a autora natural de toda a referência literária herdada de meu pai, que tem contado com a minha pálida participação.

É necessário abordar o tema fundamental dessa comunicação que é **a doutrina social de Jesus**. Eu saí de minha cidade, Campos dos Goytacazes, aos 17 anos, em 1976, para estudar Medicina no Rio de Janeiro, na antiga Faculdade Nacional. Apesar de estarmos àquela época vivendo o crepúsculo do regime autoritário e do desmantelamento de sua resistência política, encantei-me com o movimento estudantil. Os principais líderes de esquerda haviam sido massacrados nos porões da ditadura, mas alguns remanescentes iniciaram um lento processo de reestruturação do partido nas universidades. Integrei um dos grupos, chamados parapartidários, que se reuniam para uma doutrinação de Socialismo dirigida aos simpatizantes que eles consideravam confiáveis. Recebíamos as visitas de antigos militantes e foi assim que, em 1979, após a Anistia, pude ter contato com valorosos brasileiros que retornavam à cena nacional. Conheci, então, lendas vivas, como Gregório Bezerra, Luís Carlos Prestes, sua filha Anita Leocádia, filha da também legendária Olga Benário.

Nós, os estudantes, escutávamos os relatos de bravura invejável e passávamos a nos sentir orgulhosos de nós mesmos nas manifestações da Cinelândia, nos comícios dos militantes do antigo MDB, quando tivemos a honra de correr das tropas de choque do Exército com os seus cassetetes, das patas dos cavalos e dos *brucutus* com os seus jatos d'água pressurizada que dispersavam a multidão. É claro que nos movíamos por um sonho mais romântico que exequível e, todavia, adorávamos fazer parte de uma causa que considerávamos inevitável e justa.

Em uma das vezes que papai nos visitou em nosso apartamento do Flamengo, encontrou ele alguns rabiscos meus. Eram libelos arrebatadores, dirigidos à massa estudantil alienada do processo político, que visavam sensibilizá-la para a luta pela democracia plena. Quando percebi que ele estava lendo o meu manifesto, fiquei pasmo e ele me perguntou: *"Você escreveu isto aqui?"* Respondi: *"Sim!"*. Arrisquei e acrescentei, perguntando: *"Não é verdade, papai?"* E ele me retrucou, com sabedoria: *"É uma verdade menor!"*

Essas palavras, a respeito da medida de grandeza das verdades, ecoam até hoje nas membranas timpânicas de meu perispírito. Existem gradações da verdade! Existem coisas que são verdadeiras apenas na estreiteza de nosso nível de concepção. É preciso alargar as fronteiras de nosso espírito, como pede Jabez a Deus em sua oração.[7] E meu pai tratou de tentar alargar as minhas fronteiras conceituais do Evangelho de Jesus. Contou-me de sua experiência. Da frieza dos líderes, da falácia da chamada luta pela democracia, pois o que se queria, na verdade, era a ditadura do proletariado, e, por fim, falou-me do *projeto social de Jesus*. Tentarei transcrever no meu vernáculo pobre as lições de sabedoria de um homem verdadeiramente idealista, que viveu uma existência inteira a nos salgar, iluminar e pastorear. Usarei o itálico para essa tentativa de reprodução de suas palavras, que, após o choque anímico que recebi com a sua desagradável surpresa, de alguma forma arquivaram-se em meu cérebro.

É uma verdade menor!

Nem todas as coisas que nos parecem lógicas são verdades eternas.

É claro que o Evangelho de Jesus pugna por uma justiça social, haja vista que ele tenha dito ao mancebo de qualidade que se desfizesse de seus bens em favor dos pobres. Em contrapartida, não pregava ele rebelião armada, do contrário não recomendaria que se pagasse o tributo a César e não teria

---

[7] 1 Crônicas, 4: 10: "Jabez invocou o Deus de Israel, dizendo: 'Oh! Tomara que me abençoes e me alargues as fronteiras, que seja comigo a Tua mão e me preserves do mal, de modo que não me sobrevenha aflição!' E Deus lhe concedeu o que lhe tinha pedido". *Bíblia Online*. Disponível em: <https://www.bibliaonline.com.br/acf/1cr/4>. Acesso em: 7 set. 2015.

dito no julgamento que seu reino não era deste mundo.

Mas o Evangelho é a notícia auspiciosa de que o reino de Deus, aquele de que Jesus nos veio falar, pode ter uma embaixada na Terra. Aliás, a Terra deve ser uma colônia desse reino de amor. Essa é a boa notícia do Mestre!

Ele nos tratou como a crianças, mas crianças rebeldes. Dizemos e repetimos os pronomes "eu" e "meu"! Somos egocêntricos ao extremo! E desse egocentrismo nascem suas completudes – o egoísmo, que junto do orgulho, doença visceral da alma, integra o contexto da nossa patologia espiritual.

Entre as histórias que Jesus nos contou, algumas são chamadas escatológicas ou proféticas. Elas estão no final do Evangelho de Mateus e nos falam do fim do mundo, tal qual o conhecemos, e da vinda do reino de Deus para a Terra. Ele inicia as parábolas deste modo: "Então, o reino dos céus será semelhante a dez virgens, que, tomando as suas lâmpadas, saíram a encontrar-se com o noivo".[8] Ou assim: "O reino de Deus é assim, como se um homem lançasse a semente à terra".[9] Essas histórias trazem um conteúdo simbólico, que nos acrescenta mais responsabilidade, pois nelas somos uma coletividade em evolução e não simplesmente indivíduos isolados. A nossa busca é, e deve ser cada vez mais, cooperativa e não individualista. A evolução individual existe, entretanto, em nosso individualismo crônico a confundimos com as conquistas humanas. Assim, somos companheiros de uma grande viagem e, nesse contexto, a evolução é coletiva. E a Lei de Causa e Efeito é também coletiva. No passado, nos consorciamos no erro e devemos nos reformular psiquicamente. Cometemos crimes contra povos inteiros e estamos reintegrados ao planeta, nestas mesmas nações às quais defraudamos, para

---

[8] Mateus, 25: 1. *Bíblia Online*. Disponível em: <https://www.bibliaonline.com.br/acf/mt/25>. Acesso em: 7 set. 2015.
[9] Marcos, 4: 26. *Bíblia Online*. Disponível em: <https://www.bibliaonline.com.br/acf/mc/4>. Acesso em: 7 set. 2015.

corrigirmos, de modo conjunto, o nosso equívoco.

A Terra é uma escola, e seus corpos docente e discente estão irmanados na construção desse novo mundo. Jesus anunciou a Boa Nova, divina missão! Executá-la é tarefa nossa!

Como seremos religiosos sinceros, se olvidarmos a fome, a miséria humana, moral, intelectual e espiritual? É contrassenso! Não existem duas formas de caridade, uma material e outra espiritual! Jesus nunca nos falou dessa distinção! Nem Kardec! Caridade é a expressão do amor! Não se pode ajudar economicamente sem ajudar com a coragem, o ânimo, a promoção humana, o resgate da dignidade espiritual! Do mesmo modo, não se pode fazer um pretenso suporte moral sem uma contrapartida material. Essa segunda seria uma forma de ocultar o nosso egoísmo e de disfarçar o nosso apego.

"Se por causa de comida o seu irmão se entristece, já não andas segundo o amor fraternal. Por causa de tua comida, não faças perecer aquele por quem Cristo morreu", fala-nos Paulo, com clareza meridiana, demonstrando que ajudar moralmente não nos desonera da necessidade de matar a fome alheia.[10]

É claro que um mundo justo é o corolário da Boa Nova, mas não deve o homem conquistar o mundo perfeito com lutas fratricidas. Você me diz que a esquerda hoje não é mais stalinista como a esquerda de meu tempo, e eu digo que tudo que se vê é aparência. No dia em que o Socialismo soviético não se mantiver por força de canhões, todo o seu bloco ruirá como uma reação em cadeia. Justiça sob baionetas é um tipo de vingança social.[11]

Eu me recordo de que havia um discurso de Lênin, num congresso da Terceira Internacional Socialista, em que ele di-

---

[10] Romanos, 14: 15. *Bíblia Online*. Disponível em: <https://www.bibliaonline.com.br/acf/rm/14>. Acesso em: 7 set. 2015.
[11] Essa conversa aconteceu no ano de 1981, quando nem o mais ousado defensor do liberalismo econômico apostaria na queda da então poderosa União Soviética.

zia assim: "De cem comunistas, sessenta são débeis mentais. Trinta e nove por cento são assassinos em potencial e apenas um é realmente comunista". Veja você, a segunda vista do grande Vladimir! Sessenta por cento das pessoas com quem você convive são completamente incapazes de compreender o que se passa em torno delas. São teleguiadas, como máquinas. Fugirão na primeira adversidade e deixarão os companheiros na pior. São maioria num movimento. São como fogo de palha – acendem logo e apagam mais rápido ainda!

Trinta e nove por cento têm o coração cheio de ódio e rancor. Não têm sede de justiça, mas de vingança. São espíritos beligerantes, que curtem na alma uma ira destrutiva, que fazem com que as revoluções sejam como Saturno, comendo seus próprios filhos. Apenas um por cento é verdadeiramente idealista. Sem falsa modéstia, eu estava incluído nesse um por cento, por isso é que me vi constrangido a dar o meu salto quântico em direção a Jesus.

A nossa sociedade é um grande organismo. Essa ideia de Durkheim[12] é revista e ampliada pelo professor Pietro Ubaldi.[13] Tive um contato muito pessoal com ele e ele me falava muito sobre o pensamento social do Cristo. Você pode ler em "A grande síntese" e "A nova civilização do Terceiro Milênio" o desenvolvimento de seu pensamento sobre a biologia social.[14]

Nessa grande biologia, existe também um metabolismo social. No seu bojo, desenvolve-se um anabolismo, isto é, uma fase construtiva em que tudo se move em direção à Criação! São ideias que se concretizam, projetos realizados,

---

[12] David Emile Durkheim, sociólogo francês, nascido em Epinol, a 15 de abril de 1858. Estudou na École Normale Supérieure de Paris, tendo-se doutorado em Filosofia. Em 1885, foi estudar na Alemanha, sendo muito influenciado pelas ideias do psicólogo Wilhelm Wundt. É o pai da moderna Sociologia.
[13] Pietro de Alleori Ubaldi foi um filósofo e pensador espiritualista italiano. Nasceu em Foligno, Itália, em 18 de agosto de 1886, e desencarnou em 29 de fevereiro de 1972, em terras brasileiras.
[14] Em se referindo às obras de Pietro Ubaldi. Para saber mais, acesse o site do Instituto Pietro Ubaldi Editora: www.pietroubaldieditora.com.br.

unificações e conciliações entre as mais diversas formas de interação social, com olhos para a cooperação e para o coletivo. Desafortunadamente, há também movimentos destrutivos do catabolismo da sociedade. Da degradação de instituições, de ideias, da dissolução das obras do bem, da desarmonia, da incompreensão, sempre visando o individualismo, sem cooperativismo.

O ciclo de vida e morte que existe na ecologia existe também na ecologia social. Tudo nasce para viver, se reproduzir e morrer. Instituições sociais têm vida útil e até mesmo as igrejas de todas as denominações não fogem a essa regra, como está declarado no Apocalipse.[15] As religiões do mundo, ao deixarem de cumprir o seu papel na grande economia da vida, também deixarão de existir. Muitas vezes, as revoluções são mecanismos naturais de eliminação de uma instituição que se tornou inútil. A Revolução Industrial destituiu o latifúndio e inaugurou a fase manufatureira como fator de crescimento da sociedade. A Revolução Francesa destituiu a monarquia e a aristocracia prepotente e indolente, elevando a burguesia que tinha fome de trabalho, mas que, em pouco tempo, se aristocratizou. A Revolução Russa destituiu a burguesia que esquecera suas origens e instalou no poder o proletariado. A União Soviética assistiu, em 60 anos, a aristocratização da sua Nomenklatura, que hoje a governa com mão de ferro. Acredite que isso a fará cair também![16]

Basta de revolução! É chegada a hora da evolução!

Basta de rebelião, é chega a hora de regeneração!

O Novo Mundo, entrevisto por Daniel, por Isaías e por João, no Apocalipse, que divisaram em suas mediunidades

---

[15] Apocalipse, 2: 23. *Bíblia Online*. Disponível em: <https://www.bibliaonline.com.br/acf/ap/2>. Acesso em: 7 set. 2015.
[16] Os anos 90 assistiram à derrocada do Segundo Mundo, um grande império que incluía as 16 repúblicas que compreendiam a União Soviética e mais a Europa Oriental, tão logo a *Perestroika*, ou reestruturação política, tornou o aparelho de Estado mais flexível, como previu meu pai com uma década de antecedência.

"novos céus e nova Terra", será um mundo constituído por homens e mulheres regenerados, nascidos de novo, sem resquícios de ódio, egoísmo ou agressividade, sem resíduos de orgulho e vaidade. Não será um mundo perfeito, porque ainda será habitado por uma humanidade imperfeita, mas será uma Terra onde a honestidade será a norma, e não a exceção! Será um lugar onde a mansidão será regra e causará espécie alguém perder a paciência com o seu próximo!

Por enquanto, vigoram no nosso planeta duas grandes forças: as de vida, anabólicas, que estão na contramão da entropia social, são unificadoras e conciliadoras; e as de morte, catabólicas, que agem no sentido da entropia social: desagregadoras e dissociativas.

Mesmo que tenhamos ideais, não podemos integrar as forças de morte, caóticas e dispersadoras de bens espirituais. Não podemos ser pragmáticos e maquiavélicos, adotando o funesto princípio de que os fins justificam os meios.

Para sermos verdadeiramente cristãos, precisamos assumir uma ação unificadora, conciliadora, regenerativa, construtiva, promover a pessoa humana em todos os seus aspectos: físico, psíquico, moral e espiritual. Precisamos ser os mesmos, no mínimo, e no muito fiéis sempre, utilizando com sensatez os bens que Jesus nos confiou para merecermos, um dia, habilitar-nos aos bens verdadeiros, de acordo com a nossa natureza espiritual.

Esta foi, em pálidas letras, a explanação que meu pai me fez ao descobrir que eu estava entusiasmado com a política profana. E ainda hoje meus ouvidos sentem reverberar os tons de sua admoestação: *"É uma verdade menor!"*

Seguindo a sua orientação de pai, principalmente após a sexta mensagem, quando ele me pede para não buscar caminhos na política humana, refiz minhas disposições. Integro as fileiras de trabalho da Escola Jesus Cristo, revivendo, vez por outra, uma recrudescência da minha animosidade política. Tomar conhecimento de mentiras sociais e de injustiças faz emergir de profundezas de meu ser uma ira destrutiva. Renovo esses e outros votos diariamente, e qual um alcoólico anônimo rogo forças a Deus para que essa ira se dissolva no imenso metabolismo da vida espiritual e que possa eu anelar ser, um dia, um coração manso para ser herdeiro desse mundo novo, no qual, finalmente, se instalará o reino de Deus.

Recebe, meu pai querido, nos tabernáculos eternos, nossa gratidão nas asas de nossa saudade, que *é a medida de nosso amor!*

– Aqui incluídos, *ipsis verbis*, para que o
leitor tenha a oportunidade de compará-los
às cartas psicografadas por Chico Xavier –

Escritos

Luz da vida eterna

Um dos mais confortadores ensinos que Jesus nos legou foi realmente este, que se encontra no Evangelho de Mateus, de que tudo há de ser revelado um dia.

Com isso, prometia o Rabi Divino a destruição das trevas e o desprestígio do mistério.

Aliás, Flammarion diz bem que o mistério não existe: o que existe é o desconhecido. Mas o desconhecido de hoje é a verdade de amanhã.

E as incógnitas torturantes do destino e da dor teriam, por Vontade Divina, de ser desvendadas pela humanidade que sofre e que pensa, mas não pensa bem e não conhece a gênese dos padecimentos.

Os homens, ainda hoje, são aqueles mesmos seres de quem Jesus teve grande compaixão porque andavam desgarrados e errantes como ovelhas que não têm pastor. (Mateus, 9: 36).[1]

Hoje, graças a Deus, as trevas fogem e o esplendor das luminosidades eternas deslumbra e edifica as almas.

O dogma perde o seu fulcro e cai para que a lâmpada seja colocada sobre o velador.

E a abençoada promessa do Cristo de Deus já é vista, fulgurante e consoladora, pelos que têm olhos de ver, já é ouvida entre angélicas sinfonias, pelos que têm ouvidos de ouvir.

O Paráclito, o Espírito da Verdade, já veio ensinar todas as coisas, guiar os homens em toda a verdade, repetir tudo o que o Mestre lecionara (Jo 14: 26; 16: 13).[2]

E os seus ensinamentos, complementares da revelação messiânica, nos descem das sagradas regiões da luz como a terceira explicação do amor de Deus aos homens.

Allan Kardec, o Paulo de Tarso da história moderna, grande apóstolo cristão da geração de hoje, recebe de Deus a missão de clamar, como ordenava o profeta Isaías, anunciando à raça humana que são chegados os tempos em que o reinado da matéria terá de ser substituído pelo império do espírito.

A Nova Revelação, o Espiritismo, codificado pelo missionário lionês, aparece aos que querem fazer do Evangelho

---

[1] Mateus, 9: 36. *Bíblia Online*. Disponível em: <https://www.bibliaonline.com.br/acf/mt/9>. Acesso em: 7 set. 2015.

[2] João, 14: 26. *Bíblia Online*. Disponível em: <https://www.bibliaonline.com.br/acf/jo/14>. Acesso em: 7 set. 2015; João, 16: 13. *Bíblia Online*. Disponível em: <https://www.bibliaonline.com.br/acf/jo/16>. Acesso em: 7 set. 2015.

o poder de Deus para salvar as criaturas com a legítima dispensação do Espírito da Verdade.

E não é afirmativa gratuita: as novas luzes que ele traz, a palavra balsâmica de esperança, a prova da imortalidade do espírito, a revelação esplendorosa do Grande Além, as grandes conversões de ateus à Verdade Divina, mostram a ascendência celestial do Espititismo, que anuncia hoje *"os tempos do refrigério pela presença do Senhor"* (Atos, 3: 19).[3]

Como consolador, ele fala às almas cativas do desespero e das lágrimas, revelando-lhes a vida imortal, as muitas moradas da casa de nosso Pai. E aponta-lhes a pureza, a virtude, o amor à divina ciência, entre as visões maravilhosas do infinito.

Como Espírito de Verdade, vem dizer aos homens sem fé que uma vida se estende além da morte, dando aos descrentes e epicuristas as provas vivas e rigorosamente inabaláveis da sobrevivência do ser, da vida espiritual e, conseguidamente, da existência e do poder de Deus.

E as conversões se multiplicam, relembrando o dia glorioso de Pentecostes.

E o Consolador continua a sua obra divina, dando a palavra meiga de esperança aos que sofrem e fazendo brotar no coração dos ateus a fonte de água viva que mana para a Vida Eterna.

---

[3] Atos, 3: 19. *Bíblia Online.* Disponível em: <https://www.bibliaonline.com.br/acf/atos/3>. Acesso em: 7 set. 2015.

– Clóvis Tavares e Chico Xavier em Campos, no ano de 1972, na Escola Jesus Cristo. Na foto, com Celina Vasconcelos, Hilda Mussa Tavares, Gilda Duncan Tavares e um amigo de São Paulo

Carta a um amigo
– Sobre a caridade dos espiritistas –
01/12/1953

> "Estais ricos! Estais fartos. Sem nós reinais!
> E oxalá reinásseis de fato, para que
> também nós reinássemos convosco!"
> *– I Coríntios, 4: 8*

Meu amigo,

É com tristeza que o vejo entrincheirado entre aqueles que lançam, pensando em fazê-lo em nome do Amigo de Todos, seu compassivo anátema contra o silencioso e sincero esforço do coração alheio.

Você sabe que é de todos os tempos a acusação apressada e injusta. Na divina história de Cristo, vimos o celeste Benfeitor, a todo instante, alvo da desesperada perseguição dos fariseus e dos sacerdotes de Israel. Desde o início do seu bendito ministério, com a ingrata rejeição do povo de Nazaré, até o caminho sangrento do Calvário, o Divino Amigo dos homens foi vítima dos sentimentos inferiores de seus contemporâneos. É que Ele trazia o "vinho novo" da bondade evangélica e os judeus se assemelhavam a "odres velhos" estragados pelos ódios e rebeldias corrompidos pela rapacidade e mentira. Nas trevas do seu misoneísmo, não aceitaram o Filho de Deus e lhe moveram a mais bárbara das perseguições.

Você, meu amigo, esquecido, infelizmente, de que o mesmo Jesus que amamos foi assim incompreendido em sua missão de bem, resolveu mobilizar suas energias para o inglório combate às obras da assistência social do Espiritismo Cristão. Aquela luz intelectual transbordante de amor de que fala Dante no "paraíso", parece foi substituída, em sua mente, por raciocínios temerários e descaridosos em sua ofensiva contra humildes servidores do Evangelho, cujo único crime, aos seus olhos, é ajudar o próximo além das fronteiras de sua crença.

Você reprova que seus companheiros de ideal religioso auxiliem as obras assistenciais mantidas pelos espiritistas, incomoda-o até que eles os louvem mesmo que não os ajudem financeiramente. O mais lamentável, porém, é que você negue, a priori, que elas sejam fruto de uma legítima corrida evangélica.

Por que, meu amigo? O bem que os espiritistas fazem, com a sinceridade que só a Deus cabe julgar, não pode ser caridade verdadeira?

Quem tem direitos de exclusividade para a prática do bem? Apenas você e seus companheiros de ideal? Somente os que percorrem a trajetória de sua dialética?

Não, meu amigo. Todos os filhos de Deus podem realizar, com a luz da graça, as sagradas obras do bem. Todos são chamados ao ministério do auxílio recíproco. Todos são convidados pelo Verbo Divino para as abençoadas realizações da bondade sincera e pura, no espírito de fraternidade espiritual que a palavra e o exemplo de Jesus nos indicam.

Não se julgue à semelhança do fariseu da parábola, o único capacitado para boas obras. Não se considere superior aos demais homens. Recorde, meu amigo, que o publicano arrependido voltou justificado para sua casa, ao passo que o soberbo fariseu, que se julgava único merecedor da aprovação divina e apresentava ao céu um pretensioso rol de suas atividades religiosas, não restabeleceu suas relações com Deus, por culpa de seu orgulho obstrutivo e desvairado.

Certamente você conhece as *Meditações* de Alexis Carrel, publicadas no seu esplêndido volume – *Milagres de Lourdes*. Releia comigo a página do Natal, em que chora o coração do famoso cientista:

> "Ó meu Deus, como eu deploro não ter compreendido a vida, ou ter tentado compreender coisas que é inútil tentar compreender. A vida não consiste em compreender coisas que é inútil tentar compreender, mas, em amar, em ajudar os outros, em orar, em trabalhar. Fazei, Deus meu, que não seja demasiado tarde. Ele (o autor) vos pede que lhe mostreis o verdadeiro caminho, a via do simples dos que amam e creem. Perdoai–

---

[1] Alexis Carrel foi um biologista francês. Nasceu em Lyon, em 28 de junho de 1873, e morreu em Paris, em 5 de novembro de 1944. Estudou Medicina na Universidade de Lyon, graduando-se em 1900. Viveu nos EUA. Recebeu o Prêmio Nobel de Fisiologia-Medicina no ano de 1912. Ateu, converteu-se ao Catolicismo após uma viagem a Lourdes, em que testemunhou uma cura milagrosa, o que resultou na feitura da obra citada, cujo título original é *Le voyage de Lourdes – Suivi de fragments de journal et de méditations*, publicado, postumamente, pela Plon, em 1949.

lhe todas as faltas da sua vida, Deus meu! No dia em que se comemora o nascimento do Filho Vosso, eu me abandono totalmente em Vós, tocado do infinito arrependimento de ter passado como cego através da vida."

Meu amigo, há inúmeras criaturas no mundo, humildes no seu viver, sinceras no seu coração, desprovidas de títulos de culturas, mas bem dotadas de bondade espontânea em que se dedicam ao bem dos outros que se encontram no seio de todas as religiões e fora delas. Você as achará também nos templos de amor fraterno do Espiritismo Evangélico. Não as menospreze se algumas delas adorarem a Deus no Monte Garizim, não subindo com você ao tempo de Salomão... São criaturas simples, que podem desconhecer a exegética e a escolástica, mas não se esquecem da Parábola do Bom Samaritano. Não entenderiam São João da Cruz nem Ruybroeck, o Admirável, mas sabem repartir humildemente, como São Martinho, a sua túnica com o desventurado das sarjetas e dos cortiços.

Recorda Carrel, meu amigo: *"A vida consiste em amar, em ajudar os outros"*... Não passe como *"cego através da vida"* sem enxergar honestamente o bem alheio, menosprezando o esforço humilde do próximo, mostrando desdém pelo óbolo da viúva, deitado generosamente no gazofilácio da vida. Relembre que com cinco pães e dois peixes de uma criança Nosso Senhor alimentou cinco mil pessoas. Não faça pouco, meu amigo, do sincero e modesto esforço que os espiritistas estão realizando, desprovidos de suas possibilidades mais amplas, em favor dos órfãos, dos tristes e dos famintos do mundo, que você também ama. Não amordace o coração com raciocínios impiedosos e glaciais. Não se assemelhe àqueles fariseus, rígidos e formalistas, que condenaram o Divino Enviado por fazer o bem a todos: a centuriões romanos, a mulheres sírio-fenícias, a leprosos, a samaritanos, a jovens galileus, a gregos curiosos e a judeus ingratos...

Jesus foi, verdadeiramente, o Amigo de todos, na expressão feliz de Emmanuel. Vamos imitá-lo, meu amigo?

– *Lar dos Meninos da Escola Jesus Cristo, em 1948*

O suicídio de Belchior

"Que adiantaria ao homem ganhar o
mundo inteiro e perder a sua alma?
Ou que daria o homem pelo resgate de sua alma?
– *Mateus, 8: 36-37*

Numa estação ferroviária americana, há muito tempo – li alhures – que um grupo de comerciantes em viagem recreativa acercou-se de uma pequena índia que, na plataforma, vendia delicadas cestas de vime e outras utilidades de artesanato.

Desejavam eles comprar suvenires. Um dos turistas, adiposo, espertalhão, com um sorriso velhaco, preparou-se para lograr a pequenina vendedora. Alteou a voz e preparou o golpe, com cruel indelicadeza:

– Aqui a gente paga o dobro do que pagaria em qualquer outro lugar... Os turistas são roubados sempre, em toda parte...

— Não, meu senhor, — respondeu a indiazinha, humilhada e serena — não estou explorando ninguém. Eu mesma e minha mãe fizemos estas cestas e gastamos muitos dias...

— Ora, não estão caras... — interrompeu-a o outro viajante, também não devoto da honestidade... — E por que não roubar, se puder, não é menina? Todos roubam... Nós também somos comerciantes e queremos é ganhar dinheiro...

A menina indígena, com a mesma tranquilidade, num inglês vagaroso, mas seguro, surpreendeu o grupo (que, por sinal, portava distintivos religiosos) com sua resposta:

— Que aproveita ao homem ganhar o mundo inteiro e perder a sua alma? Não foi assim que Jesus perguntou?... Isso aprendi na Escola de Evangelho da Missão... Não mentirei nem roubarei nunca, meu senhor...

Os abastados homens de negócio, envergonhados, compraram algumas cestinhas e não puderam articular uma palavra sequer. Uma criança lhes mostrara quanto a sua crença religiosa estava divorciada da legítima vida cristã...

Essa história real veio-me à memória ao ler a notícia do suicídio de Belchior, ocorrido na semana finda.

Os jornais nos informaram que apareceu, boiando nas águas do Rio Paraíba do Sul, um cadáver de um homem de 83 anos. Seu rosto já se achava irreconhecível, com as fossas nasais e os lábios corroídos pelos peixes. Num bolso do paletó

– ainda acrescenta o *A Cidade* – além de documento identificador, foi encontrado um bilhete com estas lacônicas palavras: *"Não culpo a ninguém e sim ao custo de vida"*.[1]

Diante do bilhete conciso e humilde, que se transfigura em silencioso desafio à sensibilidade coletiva, é lícito meditar um pouco...

Belchior foi apenas mais uma vítima de suicídio, da carência espiritual, amedrontado diante das lutas pela vida? Ou foi também, de certo modo, uma vítima anônima, entre milhões de outras, dos gananciosos que dominam o gigantesco maquinário industrial, dos reis das finanças que alargam as taxas de inflação e asfixiam o pobre e envenenam as fontes da vida?

Teria sido o infeliz Belchior tão-somente um suicida aos olhos de Deus? Ou teria sido, parcialmente, imolado em holocausto a Mamom, que domina e mata os que não lhe prestam culto?[2]

O comércio honesto, qual o exercia a indiazinha cristã, não é apenas uma necessidade social: é, igualmente, uma bênção indispensável à vida e um elo de solidariedade entre os homens.

---

[1] Edição do dia 27 de agosto de 1958.

[2] Quando meu pai escreveu este artigo, eu estava nascendo. Ao enviar os originais do livro *De Jesus para os que sofrem* para o Instituto de Difusão Espírita, em 1980, aos cuidados do Dr. Hércio Arantes, resolveu, de última hora, retirar o texto "O suicídio de Belchior". Disse que não valia a pena discutir a questão econômica, pois poderia acirrar ânimos. Hoje, tenho 57 anos e o mundo, após este meio século, hipertrofiou a sua complexidade econômica. Transformou-se numa aldeia global. Em meados do século XX, havia uma polarização entre Socialismo e Capitalismo. Hoje, a sanha capitalista converteu o planeta num monobloco sem polaridade, sem ética, no qual a lei de mercado, ou de "Mamom", como cita meu pai, é a ordem. Nesse contexto sofisticado de uma humanidade tão tecnológica quanto excludente, as verdades contidas nesse texto são atualíssimas. Por isso resolvemos, em família, divulgar esse belíssimo texto, que produz reflexão. E tudo que nos induz a examinar a nós mesmos é útil para a nossa alma e produtivo para a nossa jornada terrestre.

O mais comum, entretanto, é fundamentar a existência através do dinheiro desonrado pela cupidez, multiplicado pelos lucros ilícitos, agigantado à custa de sonegações, subornos e especulações.

Esquecido da Lei Divina e da responsabilidade espiritual, busca o homem o gozo fácil, o sibaritismo social, a fortuna acumulada, a corrupção multiforme, a coroa do domínio econômico na sociedade.

Será que algum comerciante ganancioso ou algum forjador de manobras econômicas terá consciência de se sentir parcialmente responsável pela morte de um velhinho de 83 anos, que deserta do mundo justamente pela elevação do custo da vida? Do que se paga para poder viver?

Rico louco da Parábola Evangélica, que saíste das páginas do Novo Testamento e te multiplicaste no seio da supercivilização materialista de hoje, escuta o mesmo Jesus, que uma indiazinha humilde ouviu e acatou: *"Que aproveita ao homem ganhar o mundo inteiro e perder a sua alma?"*

– *Clóvis Tavares na companhia de Maria Zenith Pessanha e Pietro Ubaldi, em 1951*

– Clóvis Tavares em pregação na Escola Jesus Cristo

Não existe amor maior do que este

"Ninguém tem maior amor do que este:
de dar alguém a própria vida
em favor dos seus amigos."
– João, 15: 13

Um jovem chinês, Té-Ha-Tá, caminhava por uma estrada ao cair da tarde. Olhava, ao longe, as montanhas nevadas do Tibete, onde os velhos monges elevavam suas orações ao Senhor da Compaixão.

A uma volta do caminho, sobre uma eminência de pedra, surge, repentinamente, para espanto e terror do jovem, um vulto que ele não tardou a reconhecer: era o pavoroso Han-Ru, o anjo da morte.

Té-Ha-Tá pressentiu no seu coração a desgraça para sua vida. O terrível anjo da destruição estava próximo à casa de sua noiva, a meiga Li-Tsen-Li...

O jovem perguntou, atemorizado:

– Que fazes aqui, Han-Ru, perto da casa de minha noiva?

Pacientemente, o emissário do destino respondeu:

– É justa a tua inquietação, ó jovem! Vim a este recanto da Terra justamente buscar Li-Tsen-Li. Na sabedoria das Leis Divinas, tua noiva cumpriu o tempo de sua vida neste mundo. É chegado o dia final de seu destino.

– Piedade, piedade, Han-Ru! É tão linda, tão meiga minha noiva! Amo-a loucamente e tudo faria para salvá-la. Por amor de Maia-Dêvi, deixa viver Li-Tsen-Li!

O Anjo da Morte silenciou, em profunda meditação, e depois respondeu, solenemente:

– A ti, devoto de Maia-Dêvi, é permitido obter uma graça do Céu. Podes prolongar a vida de tua noiva sob uma condição: tens direito a uma vida longa e tranquila, Te-Há--Tá. Restam-te ainda, agora vais saber, quarenta e seis anos de vida. Podes, entretanto, e esta é a condição, ceder a tua noiva metade do teu tempo que te resta na carne. Li-Tsen-Li poderá viver, em tua companhia, vinte e três anos, a metade do restante de tua vida. Terminado este prazo, ambos morrerão juntos, no mesmo instante. Aceitas a proposta?

Te-Há-Tá hesitou. Ceder a metade de sua vida? Sacrificar vinte e três anos em favor de sua amada? Que fazer? Que responder ao anjo da morte?

– Tua proposta, Han-Ru, é imensamente grave para mim. Podes esperar minha resposta até que eu ouça a opinião de meus três melhores amigos, que sempre me orientam na vida?

– Sim, ó jovem. Aguardarei, aqui mesmo, tua resposta até antes do amanhecer.

Nessa mesma hora (já anoitecera...) Te-Há-Tá partiu lépido, em busca dos três conselheiros de sua vida.

O primeiro era um artista tibetano. Um escultor famoso. Seu conselho foi franco e sincero: a vida só é digna de ser vivida quando alimentada por um grande e puro amor. E não existe amor verdadeiro sem renúncias e sacrifícios.

– Serás feliz, Te-Há-Tá – disse o artista – se puderes demonstrar a grandeza de teu coração, medindo-a pela extensão de um ingente sacrifício. Pela mulher amada o homem deve sacrificar, meu amigo, não metade de sua vida, mas a existência inteira.

Esse foi o conselho do primeiro amigo.

Te-Há-Tá buscou o segundo conselheiro, um jovem mercador de peles, Nian-Si. Cientificado dos acontecimentos, respondeu o segundo amigo:

– É uma proposta louca, Te-Há-Tá! Onde já se viu um moço rico e cheio de saúde, como és, sacrificar a metade da vida por causa de uma mulher? Sem desprezar os valores e perfeições de tua noiva, digo-te que encontrarás por toda a parte, aqui no Tibete, atrás destas montanhas, milhões e milhões de mulheres lindas, tão lindas e tão belas como tua noiva... E quem pode prever o futuro, meu amigo? E se amanhã, dominada por uma paixão, Li-Tsen-Li te abandonar, esquecida do teu sacrifício, e for viver, junto de outro coração, a vida que é uma parte de tua própria vida? Loucura, loucura, meu pobre Te-Há-Tá...

Em face das opiniões antagônicas dos seus dois amigos, cresceram a dúvida e a indecisão ainda mais no coração de Te-Há-Tá. E nesse estado mental dirigiu-se à casa do seu velho e sábio conselheiro, o estudioso Kin-San.

O terceiro mentor assim opinou ao desorientado rapaz:

– Meu caro Te-Há-Tá, se amas realmente tua jovem noiva, deves ceder-lhe metade do teu tempo que te resta viver. Convém impor, entretanto, uma condição ao Anjo da Morte. A parcela de vida que cederes a tua noiva poderá ser retomada por ti, a qualquer momento, em caso de infidelidade de tua futura esposa. Se ela se mostrar indigna do teu sacrifício, perderá o direito ao tempo de vida que lhe foi cedido. Fora disso, Te-Há-Tá, seria loucura. Fizeste bem em hesitar, sendo prudente. Só os insensatos é que nunca hesitam.

O jovem noivo aceitou a terceira solução que, imediatamente, antes do amanhecer, levou ao Anjo da Morte. O mensageiro divino aceitou a proposta de Te-Há-Ta e lhe respondeu:

– Está bem, Te-Há-Ta! Tua bondosa noiva Li-Tsen-Li viverá mais vinte e três anos. Esta parcela de vida não foi, porém, dada, e sim emprestada.

E o anjo da morte desapareceu.

O jovem Te-Há-Ta casou-se com Li-Tsen-Li e dentro de algum tempo eram considerados os esposos mais felizes de toda a região do Tibete. Li-Tsen-Li, após o matrimônio, passou a chamar-se Til-Long-Li, que quer dizer "Minha Vida Querida".

Um dia, Te-Ha-Tá teve que fazer uma longa viagem e

deixou sua amada esposa e um filhinho de poucas semanas em casa de seus pais. Quando regressou, alguns meses depois, teve a dolorosa surpresa de encontrar seus três amigos de fisionomia triste e abatida à sua espera, à entrada da povoação em que vivia. Seu coração sobressaltou, não vendo a esposa à sua espera.

– Onde está Minha Vida Querida? Por que não veio se lhe mandei aviso de meu regresso?

– Enche de coragem teu coração, ó Te-Há-Tá: uma grande desgraça, há três dias, caiu sobre tua vida...

– Desgraça? Que foi? Digam-me, digam-me a verdade. Onde está minha esposa?

– Morreu, meu amigo. – respondeu o mais velho.

– Morreu? Não é possível. Não é possível... Eu sacrifiquei por ela metade de minha vida...

E o jovem, em pranto convulsivo, começou a blasfemar contra o Senhor da Compaixão. Erguia os braços para o Céu, punhos cerrados, em furor, revoltado, blasfemando o Santo nome de Deus...

Os amigos se afastaram, deixando-o dar expansão a sua angústia e sem poderem demovê-lo de sua revolta.

Eis quando, no auge de nova explosão de sofrimento, surge, diante do moço enlouquecido de dor, a figura de Han-Ru, o Anjo da Morte.

– Han-Ru, faltaste à tua palavra... Onde está minha esposa? Que fizeste de Til-Long-Li?

– Acalma-te e escuta, Te-Ha-Tá. Devo dizer-te a verdade, a fim de que não continues a blasfemar contra o Senhor da Compaixão. Tua esposa, bem sabes, deveria viver mais vinte e três anos. Há poucos dias, porém, o teu filhinho adoeceu gravemente e iria morrer. Que fez tua esposa? Pediu a Deus, em comovedora oração, que a vida dela fosse dada ao pequenino enfermo. Que a criança pudesse viver, embora com o sacrifício de sua vida. E assim aconteceu, Te-Ha-Tá. Salvou-se o teu filho, mas a tua esposa morreu...

E diante do assombro do jovem aflito, o Anjo da Morte concluiu:

– Enquanto tu, como noivo, hesitaste em ceder-lhe a metade de tua vida, ela, mãe extremosa, não hesitou, um segundo sequer, em dar, pelo filhinho, a vida inteira!...

Esta jovem mãe tibetana é um símbolo, uma imagem de nossas mães amadas, a quem hoje rendemos homenagem. Elas são, realmente, como conceituava Almeida Garret,[1] "a mais bela obra de Deus". Seu amor nos acompanha todos os dias da vida e além da morte. Sua imagem torna-se escudo de nossas almas, alimento de nosso coração, síntese das afeições humanas. Seus sacrifícios ocultos são, muitas vezes, o preço de nossa formação moral. Suas lágrimas afiançam diante de Deus, sem o sabermos, a proteção do Céu sobre as nossas vidas.

---

[1] Em referindo-se a João Baptista da Silva Leitão de Almeida Garrett, escritor e dramaturgo português do século XVIII-XIX.

– Clóvis Tavares e Zaira Pitt,
no leprosário Pirapitingui,
em Itu, SP, em 1951

– *Da esquerda para a direita, de pé: Evany Medina, com seus filhos Gilberto e Scheila, Cirene Batista, Lucide Nolasco e João Nolasco. Sentados: Pietro Ubaldi, Clóvis, Elza Tavares, sua irmã, e Elizabeth Tavares, sua mãe, em 1951, na casa dos pais de Clóvis*

O sal da terra
– *Palestra na Rádio Continental* –
20/09/1959

"Vós sois o sal da terra; se o sal se tiver insípido,
como se poderá restaurar-lhe o sabor?
Para nada mais presta senão para ser
lançado fora e pisado pelos homens"
– *Mateus, 5: 13*

Há muito tempo, pelos fins do século XVII, Mandrell encontrou na região sul do Mar Morto, na mesma Palestina de Jesus, algumas "massas de sal que tinham perdido o seu sabor", conforme declaração textual sua.[1] Há também notícias de certo viajante que vagueou pelo Oriente e presenciou um fato realmente notável: certo comerciante de Sídon (a antiga e famosa metrópole fenícia) conseguiu um monopólio de sal e adquiriu grande quantidade do mesmo em

---

[1] Mandrell [*s.d.t.*].

Chipre; alugou, numa aldeia, sessenta e cinco casas, transformando-as em armazéns do produto comprado. Como estas modestas casas não possuíam soalhos, o sal, depositado no chão, dentro de algum tempo perdeu seu natural sabor. E o viajante relata que viu grande quantidade dele atirada na rua e pisada pelos transeuntes. Há tempos, foi verificado por Thomsom, na Palestina, que o "sal deste país torna-se insípido ao contato com a chuva ou com o solo, ou ainda quando exposto ao sol. Quando vem de mistura com a terra, na ocasião em que é ajuntado, torna-se igualmente insípido e imprestável, reduzindo-se, em breve tempo, a simples pó. Nem para adubo serve; pelo contrário – declara ainda o mesmo escritor –, destrói a fertilidade do solo em que é lançado. Vê-lo atirado à rua, jogado nas estradas, é tão comum hoje como na Palestina dos tempos de Jesus. Nosso Divino Mestre, no Sermão da Montanha, declarou que seus discípulos são o "sal da terra". Sua função se assemelha à função específica do sal. Assim como este deve salgar, também o discípulo do Evangelho deve comunicar ao ambiente em que vive as qualidades também específicas do seguidor do Cristo; conservar o que de bom existe no mundo, evitar a corrupção e o abastardamento dos valores morais da alma, e transmitir à vida terrena o excelente sabor das Coisas Celestiais. Como? Evidentemente, pelo constante esforço em prol da exemplaridade de sua vida, pela pureza de seus costumes, pela operosidade sadia de seu caráter, pelo seu trabalho espiritual em favor do despertamento das consciências, pela doação de si mesmo à Grande Causa do Mestre, que é o bem de todos e a iluminação das almas, base da felicidade humana e da paz universal. Deverá o discípulo agir na sociedade à semelhança do sal, que comunica suas qualidades próprias ao que

---

[2] Thomson [s.d.t.].

junto dele está. Se se negar ao exercício de sua missão de sal espiritual, o discípulo conhecerá o desembaraçado desprezo dos homens. Assim como o sal insípido só é sal no seu aspecto exterior, igualmente o discípulo fraudulento só é cristão nominal, à semelhança da figueira frondosa e sem frutos ou do sepulcro caiado... Será, realmente, pisado pelos homens, os mesmos homens que engana com suas falsas palavras e seus gestos fingidos; será, na verdade, lançado fora da consideração e da confiança dos que conservam a honradez e a sinceridade como atributos indeléveis do espírito. "Como se poderá restaurar-lhe o sabor?" – é a pergunta de Cristo. Eis uma solene advertência que não se confunde com sutil ou formal negativismo. Deve ser considerada em harmonia com os grandes ensinamentos da Parábola do Filho pródigo, que nos dá justamente o exemplo do sal insípido que, depois de ser "lançado fora" pelos seus amigos do *país distante* para onde fugira, foi igualmente *pisado pelos homens*, conheceu o desprezo social, sorveu as amarguras da miséria, alimentou-se com as alfarrobas dos porcos, foi repudiado pelos antigos companheiros de orgia... E ele, o filho pródigo, era amado na casa do Pai, o Pai Compassivo da parábola... Tudo perdeu no roldão das desconsiderações sociais, da miséria física, da inquietude de consciência, nos vórtices dos remorsos, distante da companhia confortadora do seu amantíssimo pai. Se o sal comum, o cloreto de sódio, não pode ter o seu sabor restaurado, graças, mil graças sejam dadas a Deus pela possibilidade de restauração do *Sal da Terra*. Isso nos ensinam as três maravilhosas parábolas do capítulo 15 do Evangelho de Lucas. Mas – esta é a verdade – a restauração do sabor do sal, isto é, a regeneração da alma, sua reintegração nos direitos sagrados de Filho de Deus só se efetua através do longo processo saneador do sofrimento, da dor conscientemente recebida, paciente e inteligentemente usada. E isso se dá, todos sabemos, através dos desapontamentos que destroem orgulhos, através das lágrimas que batizam com fogo, através de um aflitivo retorno de um filho pródigo aos braços expectantes e amorosos do Pai Celestial. E quanto tempo isso pode durar?... A interrogação de Jesus, aplicada à realidade humana, não significa, pois, que o Divino Mestre admita a impossibilidade de restauração espiritual, uma vez que a reconquista dos valores perdidos é claramente exposta nas três parábolas da compaixão ("A Dracma Perdida", "A Ovelha Desgarrada" e "O Filho Pródigo"). Além disso, constitui a grande mensagem de esperança trazida ao mundo por Aquele que disse que veio buscar os perdidos, não os justos. O que nosso Divino Amigo deseja é advertir-nos somente, a fim de que jamais nos esqueçamos de nossa identidade de *sal da terra*, nem fujamos ao exercício de nossa função essencial e própria: conservar, pelo trabalho e pelo zelo, o que de bom existe no mundo; comunicar sabor celestial às insossas e materializadas expressões da vida humana; contribuir para evitar que se falsifiquem ou se corrompam os valores legítimos da espiritualidade, que estejam na órbita de nossa tarefa ou de nosso destino. Evitemos, pois, com todas as potências da alma, nossa queda nos caminhos da sensaboria de espírito, porque longo e doloroso será o esforço de regresso à abençoada condição de sal da vida. Evitaremos, assim, experiências sucessivas de reajustamento e reeducação da alma, através de penosos caminhos, que muita vez desembocam em imensos desertos de solidão e de lágrimas.

– Chico Xavier e Clóvis Tavares
em Pedro Leopoldo, MG, em 1942

– Centenário de Clóvis Tavares –

1915 ~ 20 de janeiro ~ 2015

Memórias

— Clóvis Tavares

1915

Em 20 de janeiro, no distrito de São Sebastião da cidade de Campos dos Goytacazes, RJ, nasce Sebastião Clóvis Tavares, filho de Vicente Vasconcellos Tavares e Elyzabeth Ribeiro Tavares.

– Igreja de São Sebastião, em São Sebastião

1922

Clóvis torna-se amigo do Padre Des Touches, pároco da Igreja de São Sebastião, a matriz do distrito. Francês de nascimento, abandonou a fortuna de sua família, deixou a Europa e veio para uma missão no Brasil. Com Des Touches, Clóvis interessou-se pela religião, pelas orações, pelo estudo do Francês e por conversas edificantes.

Des Touches manteve com o menino Clóvis intermináveis colóquios filosóficos. O Padre Des Touches contou ao menino que amava os livros, que havia nascido na França, sendo descendente de condes e barões. Sua família era nobre e possuía um castelo nas proximidades de Paris. Ele ordenou-se sacerdote na Igreja Católica e, no desempenho de sua missão eclesiástica, foi um cristão exemplar. Renunciou à sua herança e solicitou uma missão no Brasil. Não foi compreendido em sua decisão radical, entretanto, era digno e virtuoso, profundamente amigo de Jesus, em seu genuíno despojamento evangélico. Foi, muitas vezes, mal interpretado por seus próprios pares, que não puderam aceitar sua alma lucidamente abnegada e santa. Abandonando os bens e as glórias do mundo, deixou para sempre o seu palácio e suas riquezas na França, onde teria sido um aristocrata. Seu nome nobre era Émile Hertoux Des Touches de Calignie des Fenets. No Brasil, mais precisamente em São Sebastião, era simplesmente Padre Des Touches. Foi um apóstolo humilde de Jesus, vivendo como pobre entre os pobres, em renúncia franciscana, incompreendido e magnânimo, incansável no bem e na caridade – um símbolo vivo do amor. Suas homilias eram uma legítima pregação do Evangelho, exortando aos que o escutavam a mudar suas predisposições emocionais. Muitas reconciliações se fizeram por seu intermédio. Diziam que *com o Padre Des Touches era mais fácil perdoar!* Revelou sempre grande cultura e super-humana humildade, e jamais foi um intolerante religioso, tratando a todos com a mesma candura de alma.

– *Padre Émile Des Touches*

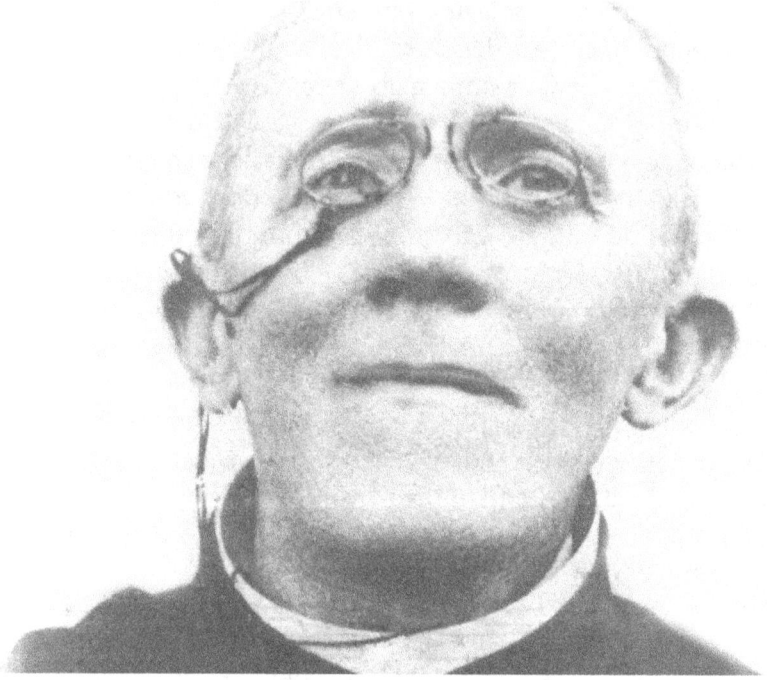

1924

Clóvis, aos 9 anos, deixa o convívio com os seus pais e seus irmãos em São Sebastião. Afasta-se também do seu amigo Des Touches, das orações e dos colóquios filosóficos. Vai morar com o avô paterno na sede do município e matricula-se no Colégio Bittencourt, onde termina o curso primário.

– Liceu de Humanidades de Campos

1928

Clóvis Tavares ingressa, por exame de admissão, no Liceu de Humanidades de Campos para cursar o Ginásio, que, à época, durava 5 anos. No Liceu, organizou um jornal literário e participou do movimento estudantil com os colegas Adão Pereira Nunes e Nina Arueira.

1930

Clóvis encontra-se com o Padre Des Touches no centro de Campos, já idoso, e este lhe faz uma profecia, ao vê-lo com um livro *Fábulas de La Fontaine*: *"Você conhecerá alguém maior que La Fontaine. Você conhecerá um grande homem de Deus. Seu nome é Allan Kardec"*. O jovem Clóvis, com os seus 15 anos, não alcançou a profundidade daquele vaticínio e nem lhe ocorreu, na ocasião, perguntar ao Padre Des Touches quem era Allan Kardec. Todavia, aquele nome foi depositado em seu inconsciente para emergir alguns anos depois.

— Faculdade de Direito da Universidade do Brasil na Rua do Catete

1932

Clóvis Tavares vai para o Rio de Janeiro cursar Direito na Universidade do Brasil, à época localizada na Rua do Catete. Fica impressionado ao ver, pela primeira vez, o livro *Parnaso de Além-Túmulo*, em sua primeira edição, na livraria A Normalista, no centro de Campos.

– Praça São Salvador, em 1934

1934

Há uma manifestação política na Praça São Salvador em Campos e o jovem acadêmico Clóvis é chamado a discursar. Faz um discurso inflamado, conclamando a classe trabalhadora, mas é acusado de agredir um símbolo da pátria, o que causa uma grande perseguição a ele e à sua noiva Nina Arueira, que fica proibida de estudar em todas as escolas da cidade.

– Nina Arueira em 1934

1935

Nina é acometida de Febre Tifoide e é acolhida na residência de Virgílio de Paula, que prepara uma enfermaria em sua casa para ela. Ali Clóvis fez um plantão permanente por dois longos meses até a sua desencarnação, em 18 de março. Logo em seguida, Clóvis lê pela primeira vez alguns versos de poemas do *Parnaso de Além-Túmulo* em folheto entregue por amigo do Grupo Espírita João Batista. Concomitantemente, Virgílio de Paula lhe oferece os livros que Nina lera e a partir dos quais se converteu. Em maio, dois meses após a sua desencarnação, Nina Arueira comunica-se com Clóvis Tavares por psicofonia, conversando com ele em inglês, através de uma médium na casa de D. Didi Arueira, sua mãe. A partir de maio-junho, Nina passa a comunicar-se por D. Didi, atuando de forma decisiva na conversão de Clóvis e o inspirando a fundar a Escola Jesus Cristo alguns meses depois.

▲ Em 17 de outubro é fundada, na região espiritual de *Nosso Lar*, a Escola Jesus Cristo, por Nina Arueira. Esse fato só veio a conhecimento geral em novembro de 1984 por intermédio de Chico Xavier, quando da recepção da primeira mensagem de Clóvis Tavares. Essa escola no plano espiritual é a matriz espiritual da Escola Jesus Cristo de Campos.

▲ Em 27 de outubro, Clóvis funda a Escola Jesus Cristo, com o nome inicial de Escola Infantil Jesus Cristo, em pequena sala da casa de D. Didi, localizada na Rua do Mafra nº 1 (atual Rua Joaquim Távora), no centro de Campos – dez dias após a fundação da Escola Jesus Cristo no plano espiritual.

1936

Em 12 de junho, ocorre o primeiro encontro de Clóvis com o jovem médium Francisco Cândido Xavier, na sede da Federação Espírita Brasileira, na Avenida Passos, 30, no centro do Rio de Janeiro. Nesse ano, Clóvis conclui, com louvor, o curso de Direito no Rio de Janeiro.

1937

Em abril, Clóvis inaugura a Biblioteca Emmanuel, na Escola Jesus Cristo.

▲ Em 2 de maio, inaugura a Sopa dos Pobres, na Escola Jesus Cristo.

▲ Lança o jornal "A Voz do Consolador" como órgão oficial da Escola Jesus Cristo.

1938

Em 21 de fevereiro, o médium Francisco Cândido Xavier psicografa a primeira mensagem de Nina Arueira, na residência de Oscar Coelho dos Santos, diretor da União Espírita Mineira, em Belo Horizonte, MG. A mensagem foi dirigida às senhoras Dejanira Bastos de Souza e Salvadora Assis, da Escola Jesus Cristo, que estavam hospedadas na casa de Oscar.

▲ Em setembro, Clóvis funda o Grupo Emmanuel, departamento mediúnico da Escola Jesus Cristo.

1939

Em 12 de fevereiro, Clóvis conhece o Professor Cícero Pereira ("uma das almas mais belas e puras") em Belo Horizonte, MG, do qual torna-se grande amigo.

▲ No dia 13 de fevereiro, em Pedro Leopoldo, MG, em companhia de Dejanira e Salvadora, encontra-se com Chico Xavier, em sua residência. Nessa noite, o médium psicografa a segunda mensagem de Nina Arueira, na qual ela faz referência ao pequeno livro *Yanur,* que escrevera em vida. Na vida espiritual, ela descobriu que teria sido escrito sob inspiração de sábios instrutores.

▲ No dia 17 de fevereiro, Chico psicografa a primeira mensagem do Padre Émile Des Touches, inesquecível amigo e benfeitor de Clóvis na sua infância em São Sebastião.

▲ Na madrugada do dia 19 de fevereiro, Clóvis presencia a desencarnação inesperada de José Xavier, irmão de Chico, em Pedro Leopoldo, MG.

▲ É realizado o lançamento do primeiro volume do livro *Sementeira cristã*, de Clóvis Tavares, editado pela FEB e prefaciado por Leopoldo Machado.

▲ Em 11 de junho, Clóvis funda a Mocidade Espírita de Campos, tendo como primeira presidente a jovem Maria Zenith Pessanha.

▲ Em 27 de outubro, Clóvis inaugura a sede definitiva da Escola Jesus Cristo, na rua dos Goitacazes, 85 (atual 177), na Lapa, em Campos, RJ.

FRANCISCO CÂNDIDO XAVIER EM CAMPOS

EM VISITA À ESCOLA JESÚS CRISTO

1940

Em 28 de janeiro, Clóvis Tavares funda a Casa da Criança, orfanato de meninas da Escola Jesus Cristo.

▲ Em 15 de março, Nina prefacia o livro *Cartas do Evangelho,* de Casimiro Cunha, psicografado por Francisco Cândido Xavier, em benefício da Casa da Criança.

▲ É realizado o lançamento do segundo volume de *Sementeira cristã,* pela FEB.

▲ É realizado o lançamento do livro *Vida de João Batista*, de Clóvis Tavares, pelo Grupo João Batista.

▲ De 25 a 28 de julho, Francisco Cândido Xavier visita, pela primeira vez, a Escola Jesus Cristo.

▲ Em 27 de outubro, em comemoração ao quinto aniversário da instituição, é realizado o lançamento do livro *Francisco Cândido Xavier em Campos*, edição da Escola Jesus Cristo. Esse livro foi relançado em 2010 pela Vinha de Luz Editora da Casa de Chico Xavier de Pedro Leopoldo, MG, com o nome *Luz na Escola – Chico Xavier em Campos | RJ*.

– Cícero Pereira e D. Guiomar Lellis Pereira na Escola Jesus Cristo

1941

Em 18 de junho, na companhia do Professor Cícero Pereira e D. Guiomar Lellis Pereira, inaugura o *Horto de Célia* e a *Biblioteca Infantil Neio Lucius* na Escola Jesus Cristo.

1942

É realizado o lançamento do terceiro volume de *Sementeira cristã*, pela FEB.

▲ Em 27 de outubro, ao comemorar o sétimo aniversário da Escola Jesus Cristo, Clóvis inaugura o *Museu de Ciro* para guardar a memória da instituição e do Espiritismo.

1945

Em 27 de outubro, é realizado o lançamento do livro *Terceiro Milênio*, de Nina Arueira, edição da Escola Jesus Cristo, em comemoração do décimo aniversário da instituição. Em 2005, esse livro foi relançado com o nome *Novo Céu e Nova Terra*, pela Ed. Scortecci, de São Paulo.

1948

Em 12 de setembro, Clóvis Tavares inaugura o *Lar dos Meninos*, orfanato para meninos da Escola Jesus Cristo.

1950

Clóvis lança *Os dez mandamentos - A Lei de Deus explicada às crianças*, pela LAKE.

– Pietro Ubaldi em visita à Escola Jesus Cristo de Campos, RJ

1951

Em julho, Clóvis Tavares traz ao Brasil o professor Pietro Ubaldi, missionário italiano, que fica hospedado na Escola Jesus Cristo, sede da Associação Brasileira da Universalidade do Cristo (ABUC). Ainda no mês de julho, Clóvis inicia viagem em companhia de Pietro Ubaldi através do Brasil, como tradutor e intérprete de suas conferências.

▲ Em 17 de agosto, Clóvis Tavares, em meio a essa viagem, promove o encontro de Pietro Ubaldi e Francisco Cândido Xavier, na sede da Fazenda Modelo, na residência do Dr. Rômulo Joviano, na cidade de Pedro Leopoldo, MG. Nesse dia, às 18 horas, reúnem-se em torno de grande mesa Ubaldi, Xavier, Clóvis, Dr. Rômulo e D. Maria Joviano, Rubens e Alda Romanelli, José Américo Pessanha e Batista Lino. Nessa reunião, ocorre a recepção de excelsas mensagens: uma de São Francisco de Assis, por meio de Chico Xavier, e outra, de sua voz, por Pietro Ubaldi.

1952

É realizado o lançamento do livro *Vida de Pietro Ubaldi*, de Clóvis Tavares, pela LAKE.

▲ Clóvis Tavares faz a tradução do livro *Grandes mensagens (Messaggi spirituali)*, de Pietro Ubaldi, com a chancela da LAKE.

▲ Em 16 de agosto, Clóvis inaugura o *Clube da Fraternidade* sob a orientação de Dom Bosco, através da mensagem "Educação", psicografada por Chico Xavier.

▲ Em 27 de outubro, Clóvis lança o informativo *Roteiro* da Escola Jesus Cristo, nome sugerido por Chico Xavier.

1953

Clóvis faz a tradução do livro *As noúres (Le noùri)*, de Pietro Ubaldi, com a chancela da LAKE.

– O casal Hilda e Clóvis, no dia de suas bodas matrimoniais

1954

Clóvis Tavares faz a tradução do livro *Ascese mística* (*L'Ascesi mistica*), de Pietro Ubaldi, com a chancela da LAKE.

▲ Em 17 de setembro, casa-se com Hilda Mussa.

1955

É realizado o lançamento do livro *Histórias que Jesus contou – Parábolas do Evangelho narradas às crianças*, de Clóvis Tavares, pela LAKE.

– Clóvis, Hilda e Carlinhos, em 1956

1956

Nasce, no dia 3 de março, na cidade de Campos dos Goytacazes, RJ, o primogênito do casal Clóvis e Hilda Tavares, Carlos Vítor Mussa Tavares (Carlinhos).

▲ É realizado o lançamento do livro *Meu livrinho de orações – Preces para crianças*, de Clóvis Tavares, pela LAKE.

– *Dólmen em homenagem a Allan Kardec na Escola Jesus Cristo*

1957

É realizado o lançamento do livro *Vida de Allan Kardec para a infância*, de Clóvis Tavares, pela LAKE.

▲ Em 18 de abril, Clóvis inaugura o novo prédio da Escola Jesus Cristo e instala um dólmen na entrada em homenagem aos 100 anos de lançamento de *O Livro dos Espíritos*.

1960

Em 7 de fevereiro, desencarna Virgílio de Paula e Silva, primeiro presidente da Escola Jesus Cristo, grande amigo de Clóvis Tavares desde a desencarnação de Nina Arueira.

▲ Em 19 de março, Clóvis inaugura o *Culto de Assistência Auta de Souza*, serviço da Escola Jesus Cristo destinado ao amparo de famílias carentes.

1966

Em 27 de julho, Clóvis Tavares funda o Instituto Allan Kardec, escola de ensino primário da Escola Jesus Cristo, tendo como primeira diretora a professora Gilda Duncan Tavares.

1967

Em 13 de janeiro, Chico Xavier chega a Atafona, litoral de São João da Barra, RJ, onde passa 10 dias na casa de Clóvis e visita a Escola Jesus Cristo pela segunda vez. É nesse período que Chico Xavier psicografa o livro *No portal da luz*, pelo espírito de Emmanuel, publicado pelo IDE.

▲ É realizado o lançamento do livro *Trinta anos com Chico Xavier*, de Clóvis Tavares, pela Ed. Calvário, de São Paulo.

1969

Francisco Cândido Xavier visita a Escola Jesus Cristo pela terceira vez.

– *Chico Xavier ao lado de Clóvis Tavares,*
em sua quarta e última visita a Campos, no ano de 1972

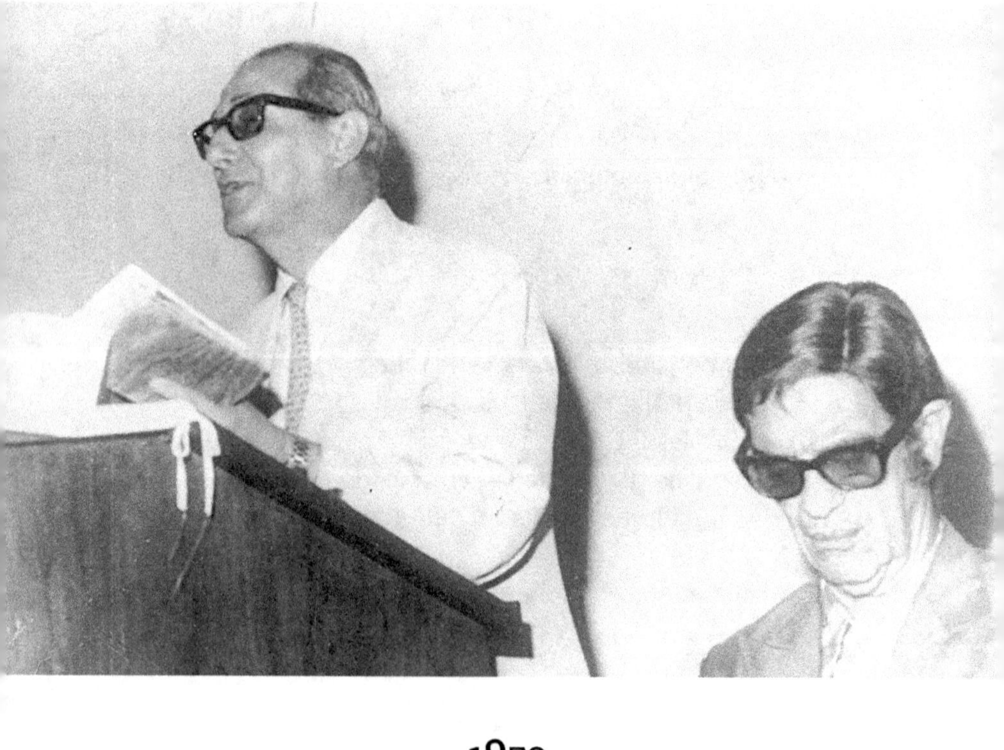

1970

É realizado o lançamento do livro *Amor e sabedoria de Emmanuel,* de Clóvis Tavares, pela Ed. Calvário, de São Paulo.

1972

Em 25 de novembro, ocorre a quarta e última visita de Chico Xavier à Escola Jesus Cristo. A Câmara de Vereadores outorga ao médium o *Título de Cidadão Campista*, em solenidade ocorrida nesse sábado, no Fórum da cidade. No domingo, 26, ele participou das atividades da Escola Jesus Cristo.

1973

Desencarna, em Atafona, São João da Barra, RJ, no dia 10 de fevereiro, Carlos Vítor Mussa Tavares (Carlinhos), primeiro filho do casal Clóvis e Hilda Mussa Tavares.

▲ Em 21 de julho, o médium Francisco Cândido Xavier psicografa a primeira mensagem de Carlinhos, na Comunhão Espírita Cristã, em Uberaba, MG.

1974

Em 5 de agosto, o médium Francisco Cândido Xavier psicografa a segunda mensagem de Carlinhos, no Centro Espírita Eurípedes Barsanulfo, de Peirópolis, Uberaba, MG.

1975

Em 28 de julho, o médium Francisco Cândido Xavier psicografa a terceira mensagem de Carlinhos, no Centro Espírita Eurípedes Barsanulfo, de Peirópolis, Uberaba, MG.

1976

Em 26 de julho, o médium Francisco Cândido Xavier

psicografa a quarta mensagem de Carlinhos, no Centro Espírita Eurípedes Barsanulfo, de Peirópolis, Uberaba, MG.

▲ Em 12 de setembro, é realizado o lançamento, pelo IDE, do livro *Auta de Souza*, psicografado por Francisco Cândido Xavier, organizado e comentado por Clóvis Tavares no ano do centenário da autora.

1979

Em 25 de fevereiro, Clóvis Tavares reinaugura a *Mocidade Espírita* da Escola Jesus Cristo, que se denominava *Mocidade Espírita de Campos* e passa a se chamar, por sugestão dos jovens, *Mocidade Espírita Maria Zenith Pessanha*, em memória de sua primeira presidente.

1981

Clóvis Tavares recebe o "Pelicano de Ouro", homenagem dada pelo *Clube dos 50* às pessoas que dedicaram sua vida em favor do próximo.

1984

Em 13 de abril, às 18h00, Clóvis Tavares desencarna na Santa Casa de Misericórdia de Campos dos Goytacazes, RJ.

▲ É realizado o lançamento, pelo IDE, do livro *Tempo e amor*, psicografado por Chico Xavier, por espíritos diversos, organizado e comentado por Clóvis Tavares.

▲ Em 29 de novembro, Chico Xavier psicografa a primeira mensagem de Clóvis, em sua residência, em Uberaba, MG.

1985

É realizado o lançamento, pelo IDE, do livro *De Jesus para os que sofrem*, de Clóvis Tavares.

1986

Em 9 de agosto, Chico Xavier psicografa a segunda mensagem de Clóvis Tavares, no Grupo Espírita da Prece, em Uberaba, MG.

1988

É realizado o lançamento, pelo IDE, do livro *Mediunidade dos santos*, de Clóvis Tavares.

▲ Em 28 de maio, Chico psicografa a terceira mensagem de Clóvis, no Grupo Espírita da Prece, em Uberaba, MG.

1989

Em 8 de julho, a Escola Jesus Cristo, na pessoa do seu diretor doutrinário Rubens Fernandes Carneiro, inaugura a *Banca de Livros Espíritas Clóvis Tavares*.

▲ Em 12 de agosto, Chico Xavier psicografa a quarta mensagem de Clóvis Tavares, no Grupo Espírita da Prece, em Uberaba, MG.

1992

Em 29 de agosto, Chico Xavier psicografa a quinta mensagem de Clóvis Tavares, no Grupo Espírita da Prece, em Uberaba, MG.

1993

Em 5 de junho, Chico Xavier psicografa a sexta mensagem de Clóvis Tavares, no Grupo Espírita da Prece, em Uberaba, MG.

2002

Em 30 de junho, desencarna Francisco Cândido Xavier, presidente honorário da Escola Jesus Cristo desde 3 de outubro de 1945, grande amigo e benfeitor de Clóvis Tavares.

2003

É realizado o lançamento, pela Casa Del Nazareno Edizioni, do livro *Medianità dei santi* – tradução do livro *Mediunidade dos santos* para o Italiano –, de Clóvis Tavares.

2005

É realizado o lançamento, pela Prestígio Editorial, do livro *Mediunidade dos santos*, de Clóvis Tavares.

▲ É realizado o lançamento, pela Ed. Scortecci, do livro *Sal da terra*, de Clóvis Tavares, organizado por Flávio Mussa Tavares.

2008

É realizado o lançamento, pela Vinha de Luz Editora, do livro *Célia Lucius, Santa Marina*, de autoria de Flávio Mussa Tavares, a partir de estudo encetado por Clóvis Tavares, que foi quem encontrou a primeira evidência de que Célia

Lucius, personagem da obra *50 anos depois*, de Francisco Cândido Xavier por Emmanuel, é histórica.

▲ É realizado o relançamento dos livros de Clóvis Tavares, *João Batista* (reedição ampliada do livro *Vida de João Batista*, de 1940) e *Rocha dos séculos*, ambos editados pela Escola Jesus Cristo.

2010

É realizado o lançamento do livro *Luz na Escola – Chico Xavier na Escola Jesus Cristo de Campos | RJ*, uma reedição do livro *Francisco Cândido Xavier em Campos*, de 1940, que foi organizado e comentado por Clóvis Tavares, e editado pela Vinha de Luz Editora da Casa de Chico Xavier de Pedro Leopoldo, MG, em comemoração aos 75 anos de fundação da Escola Jesus Cristo (1935-2010) e ao centenário de nascimento de Chico Xavier (1910-2010).

2013

É realizado o lançamento do livro *O Pai compassivo*, de Clóvis Tavares, edição da Escola Jesus Cristo.

Frutos

– Clóvis Tavares

O eterno tornar-se

"Sede perfeitos."
– *Mateus, 5: 48*

Foi com muita propriedade que Allan Kardec tratou, no capítulo de *O Evangelho segundo o Espiritismo*, de aspectos acerca dessa assertiva do Cristo.

Aborda a perfectibilidade do ser humano. A perfectibilidade é um movimento em relação às possibilidades de cada indivíduo. Assim, o *"Sede perfeitos"* é uma ordenação individualizada que nos condiciona à lei de evolução.

Vivemos, assim, um **eterno tornar-se**, que é o propósito da vida em cada um – teleológica, pode-se dizer, pois existe para um fim. Esta foi a proposição de Aristóteles, que já previa o estudo do fim último das coisas.

O psicólogo existencial-humanista Carl Rogers sentiu que o homem vive para tornar-se.[1] Tornar-se pessoa e grupos de encontro são exemplos do que Rogers considerava que era o desiderato da vida: tornar-se!

Jesus é a própria mensagem de perfeição. Sua palavra é a verdade. A verdade é arrebatadora, todavia, é naturalmente repelida, pois é nua e desnuda quem a escuta. O discurso parabólico de Jesus foi uma forma de adornar a verdade, através das metáforas, das alegorias, a fim de que pudessem, de alguma forma, germinar no coração do homem e ajudá-lo a tornar-se melhor.

A vida tem o desiderato de tornar melhor o homem. A verdade é uma ferramenta de que pode se servir o homem no seu tornar-se melhor.

"Nada sabem, nem entendem, porque se lhe untaram os olhos para que não vejam, e o coração para que não entendam" (Isaías, 44: 18).[2]

Quem pode ver e ouvir a verdade? Quem busca! Busque a verdade e a verdade te fartará de novas e surpreendentes verdades! Desse modo, a melhor resposta é sempre a consciência de que não se sabe e a possibilidade de vislumbrar um novo horizonte.

"Só sei que nada sei" é a percepção do filósofo após o descortinar de sucessivos véus e reconhecer a infinitude da

---

[1] Carl Ransom Rogers, psicólogo norte-americano nascido em 8 de janeiro de 1902, em Oak Park, Illinois, e desaparecido em 4 de fevereiro de 1987, em La Jolla, Califórnia, ambas nos EUA. Foi indicado ao Nobel da Paz do ano de 1987.
[2] Isaías, 44: 18. *Bíblia Online.* Disponível em: <https://www.bibliaonline.com.br/acf/is/44>. Acesso em: 7 set. 2015.

Criação e a finitude de nossa percepção.[3] É nesse contexto que se entende o ensinamento de Jesus aos seus discípulos na explicação da parábola do semeador: *"Pois ao que tem dar-se-lhe-á e ao que não tem até aquilo que tem lhe será tirado"*,[4] ou como é mais claramente narrado em Lucas: *"(...) até o que pensa ter lhe será tirado"*.[5]

Se o homem busca a verdade, mais e maiores verdades terá capacidade de vislumbrar. Se, ao contrário, aferra-se às falácias, até mesmo o que pensa ser verdade lhe será subtraído pelos enganadores.

É por isso que Clóvis Tavares, em palestra sobre o Filho pródigo (*O Pai compassivo*, EJC, 2013) afirma, sem medo de errar, que Deus é sempre o dispensador universal de todas as bênçãos e nunca nos confisca nada. Deus nada tira! É apenas o doador de favores e benesses. E quando Jesus afirma que até o que pensamos ter nos será tirado jamais pensemos que é Deus quem tira. Quem tira, quem nos confisca são os nossos enganadores. Muitas vezes são enganadores externos, entretanto, somos também vítimas de nossos próprios pensamentos e, nesse caso, nossos enganadores estarão dentro de nós mesmos.

Se o tornar-se é um propósito da lei, se a lei de progresso é irrevogável, temos a obrigação de nos tornarmos bons. Se temos a obrigação de nos tornarmos bons, certamente não somos bons. Pois dissera Jesus: "Se vós, que sois

---

[3] "(...) Por vezes chamado de paradoxo socrático, é um dizer muito conhecido que é derivado da narrativa de Platão sobre o filósofo Sócrates (...)". Compulsado da Wikipedia. Disponível em: <https://pt.wikipedia.org/wiki/so_sei_que_nada_sei>. Acesso em: 7 set. 2015.
[4] Mateus, 13: 12. *Bíblia Online*. Disponível em: <https://www.bibliaonline.com.br/acf/mt/13>. Acesso em: 7 set. 2015.
[5] Lucas, 19: 26. *Bíblia Online*. Disponível em: <https://www.bibliaonline.com.br/acf/lc/19/26+>. Acesso em: 7 set. 2015.

maus (...)".[6] Então Jesus abertamente nos declara como não bons. Não há homem bom! Mas estamos obrigados a nos tornar melhores. Mas podemos ser justos!

Há vários justos na narrativa do Antigo e do Novo Testamento. José, pai de Jesus era um deles. E quem é o justo? Podemos aproximar o conceito de justo ao conceito de homem de bem.[7] O conceito de justo para Clóvis Tavares, esclarecido em palestra pública no ano de 1954, na Escola Jesus Cristo é: *"Não apenas o bom, mas também aquele que quer ser bom"*.

Justo é o homem de bem, é o benevolente, é aquele que quer ser sempre melhor, que quer depurar-se de mazelas e reformular suas predisposições. Justo é o protótipo do homem da era nova. O homem de bem, no dizer de Kardec, é aquele que envida os maiores esforços no sentido de domesticar suas predisposições atávicas, exercitando os comportamentos ensinados até que se tornem naturais.

Não somos naturalmente humildes, nem abnegados e nem indulgentes. O exercício da humildade, da abnegação e da indulgência é um autoburilamento. No caminho desse autoburilamento, nos tornaremos justos e homens de bem.

Abro aqui um parênteses para relatar um diálogo entre meu pai, Clóvis Tavares, e Chico Xavier, em 1967.

Estávamos em Atafona, praia do município de São João da Barra, RJ. Chico passava dez dias em uma casa que

---

[6] Mateus, 7: 11. *Bíblia Online*. Disponível em: <https://www.bibliaonline.com.br/acf/mt/7>. Acesso em: 7 set. 2015.
[7] *O Evangelho segundo o Espiritismo*, Capítulo 17, Item 5. Op. cit.

meu pai alugara. Entre as alegrias que todos nós sentíamos com aquele ilustre visitante estavam: ir à praia com Chico, almoçar com ele, saborear guloseimas que ele mesmo fazia na cozinha com a minha mãe Hilda, escutar histórias que ele, alegremente, nos contava, e até mesmo brincar com ele, como se Chico Xavier fosse uma criança como nós. Como eu tinha, então, 9 anos, já podia escutar as conversas entre Chico e papai. Recordo-me, nitidamente, de Chico contando a papai a visita que ele fizera, com Waldo Vieira, no ano anterior, à cidade de Carcassone, na França, local onde é narrada a história do livro *Cristo espera por ti*, de autoria espiritual de Balzac e psicografado pelo Waldo.[8]

Eis um trecho de uma conversa entre eles que sempre me encantou. Papai dissera a Chico o seguinte:

– *"Chico, é evidente que gosto de todos os livros que você psicografou. Mas gosto especialmente de cinco deles, que, para mim, são especialíssimos: "Parnaso de Além-Túmulo", "Cartas de uma morta", "Há 2.000 anos", "Paulo e Estêvão" e "Libertação".*[9]

Quando papai citou o livro de sua mãezinha, Chico não escondeu a sua felicidade:

– *"Que beleza, Clóvis! Como fico feliz em ouvir você citar o livro de minha querida mamãe!"*

E o diálogo continuou com assuntos imperceptíveis para mim. Falavam os dois gigantes sobre cada um dos livros

---

[8] Publicado, em 1995, pela Editares.
[9] Publicações da FEB, por espíritos diversos, Emmanuel, Maria de São João de Deus e André Luiz, nos anos de 1932, 1935, 1940, 1942, 1949, respectivamente.

citados. Quando falaram do *Libertação*, de André Luiz, apesar de eu estar alheio à profundidade do colóquio, lembro-me de que papai nunca deixou de repetir as palavras do Chico sobre o livro. Dizia papai que André Luiz, também feliz com a citação do *Libertação*, quis presenteá-lo com o argumento do livro:

– "*Clóvis, André Luiz está aqui dizendo que o argumento de 'Libertação' é este: 'Os bons e os que se tornam bons são sempre, e cada vez mais, ajudados pelos melhores que eles. E os maus e os que se tornam maus são sempre, e cada vez mais, dominados pelos piores que eles'*".

Também em uma palestra, o meu pai esclarece que esse argumento de André Luiz é a tradução do pensamento de Jesus em Mateus, 25: 29: "*Porque a todo que tem dar-se-lhe-á e ao que não tem até aquilo que tem ser-lhe-á tirado*".[10]

Os que querem se tornar bons, os que se esforçam para domesticar seus instintos, que buscam a *porta estreita*, que se arrependem, que se humilham, que confessam suas nulidades serão capacitados espiritualmente para atingir esses objetivos. Eles têm e receberão mais. E recebendo mais terão possibilidade de subir mais e ajudar mais. Serão sempre auxiliados por espíritos amigos e, a seu turno, auxiliarão outros também. Formarão uma rede de amor, que ligará a Terra ao Céu. Mas os que preferem refestelar-se no banquete dos prazeres fáceis, que se abandonam nas recompensas imediatistas e esdrúxulas do mundo, atrairão para si outros mais engajados, mais sofisticadamente estruturados no mal, que os arrastarão e os dominarão, tirando-lhes o livre-arbítrio.

---

[10] Mateus, 25: 29. *Bíblia Online*. Disponível em: <https://www.bibliaonline.com.br/acf/mt/25>. Acesso em: 7 set. 2015.

Eu não poderia, como filho devedor, como homem que se considera ainda mau, ainda neófito no Evangelho, deixar de dividir com o leitor esses conceitos que meu pai nos ensinou e que foi transmitido pelo sábio espírito André Luiz, através de nosso querido Chico.

Que esse mesmo Cristo, no esplendor de sua glória, sempre engrandeça Clóvis Tavares e Chico Xavier, que são convidados do banquete celeste. E quiçá possamos nós fartar-nos com os farelos que caem dessa mesa.

Flávio Mussa Tavares

Bibliografia

a) Geral

A CIDADE. Campos dos Goytacazes, 27 ago. 1958.

ARUEIRA, Nina; TAVARES, Flávio Mussa (Org.). *Novo Céu e nova Terra*. São Paulo: Scortecci Editora, 2005.

CARDOSO, Gilberto Perez; BOECHAT, Newton. *Aquém e além da fronteira de cinzas*. [s.l.]: Cecca, [s.d.].

CARDOSO, Gilberto Perez; BOECHAT, Newton. *Do átomo ao arcanjo*. Rio de Janeiro: Folha Carioca, 1984.

CARDOSO, Gilberto Perez; BOECHAT, Newton. *Na plenitude dos tempos*. [s.d.t.]

CARREL, Alexis. *Le voyage de Lourdes* – Suivi de fragments de journal et de méditations. Paris: Plon, 1949.

CRUZ, Osvaldo. *[Não esmorecer para não desmerecer]*. In: _____. Disponível em: <http://www.abc.org.br/historia/c_leitaot2.html>. Acesso em: 7 set. 2015.

DENIS, León. *O espiritismo na arte*. [s.d.t.]

DENIS, León. *Socialismo e espiritismo*. Rio de Janeiro: Editora Celd, [s.d.].

DIAS, Lu. Índia – A filosofia hinduísta. *Vírus da Arte & Cia*, Belo Horizonte, 2015. Disponível em: < http://virusdaarte.net/india-a-filosofia-hinduista/>. Acesso em: 5 set. 2015.

KARDEC, Allan [Hippolyte Léon Denizard Rivail]. *O céu e o inferno*. 2. ed. Rio de Janeiro: Federação Espírita Brasileira, 2013.

KARDEC, Allan [Hippolyte Léon Denizard Rivail]. *O Evangelho segundo o Espiritismo*. 60. ed. Rio de Janeiro: Federação Espírita Brasileira, 1975.

KARDEC, Allan [Hippolyte Léon Denizard Rivail]. *O Livro dos Espíritos*. 68. ed. Rio de Janeiro: Federação Espírita Brasileira, 1987.

KIPLING, Rudyard. Se. In: ___ [s.d.t.]. Disponível em: <http://veja.abril.com.br/noticia/entretenimento/conheca-se-o-poema-classico-de-rudyard-kipling/>. Acesso em: 26 set. 2015. Título original: *If* (1910).

KLÜBER-ROSS, Elizabeth. *Sobre a morte e o morrer*. São Paulo: Martins Fontes, 1985.

MAETERLINCK, Maurice. *O pássaro azul*. Tradução de Carlos Drumond de Andrade. São Paulo: Delta, 1962. Título original: *L'Oiseau Bleu*.

NOBRE, Marlene. *Nossa vida no além*. São Paulo: FE Editora, 1998.

NOBRE, Marlene. *O clamor da vida* – Reflexões sobre o aborto intencional. São Paulo: FE Editora, 2000.

PERANDRÉA, Carlos Augusto. *Psicografia à luz da Grafoscopia*. São Paulo: FE Editora, 1991.

SOUSA, Horácio de. *Cyclo áureo* – História do I Centenário da cidade de Campos (1935). Rio de Janeiro: Damadá, 1984.

TAVARES, Clóvis. *Amor e sabedoria de Emmanuel*. São Paulo: LAKE, 1970.

TAVARES, Clóvis. *A vida de Allan Kardec para as crianças*. São Paulo: LAKE, 1942.

TAVARES, Clóvis. *De Jesus para os que sofrem*. São Paulo: IDE, 1985.

TAVARES, Clóvis. *Mediunidade dos santos*. São Paulo: IDE, 1988.

TAVARES, Clóvis. *Meu livrinho de orações*. São Paulo: LAKE, 1956.

TAVARES, Clóvis. *Os dez mandamentos e histórias que Jesus contou*. São Paulo: LAKE, 1950.

TAVARES, Clóvis; TAVARES, Flávio Mussa (Org.). *Sal da terra*. São Paulo: Scortecci Editora, 2005.

TAVARES, Clóvis. *Sementeira cristã*. Rio de Janeiro: FEB, 1942.

TAVARES, Clóvis. *Tempo e amor*. São Paulo: LAKE, 1984.

TAVARES, Clóvis. *Trinta anos com Chico Xavier*. São Paulo: IDE, 1967.

TAVARES, Clóvis. *Vida de Pietro Ubaldi*. São Paulo: LAKE, 1952.

TAVARES, Flávio Mussa. *Os mandamentos de Deus*. Rio de Janeiro: Lachâtre, 1999.

TAVARES, Luís Alberto Mussa. *A palavra dada*. São Paulo: Scortecci Editora, 2005.

UBALDI, Pietro. *A grande síntese*. Campos dos Goytacazes: Instituto Pietro Ubaldi, 1948.

UBALDI, Pietro. *A nova civilização do Terceiro Milênio*. São Paulo: LAKE, 1956.

VIEIRA, Waldo. *Cristo espera por ti*. Ditado pelo espírito de Honoré de Balzac. Foz do Iguaçu: Editares, 1995.

XAVIER, Francisco Cândido. *Ação e reação*. Ditado pelo espírito de André Luiz. Rio de Janeiro: Federação Espírita Brasileira, 1957.

XAVIER, Francisco Cândido. *A morte é simples mudança*. Ditado pelo espírito de Carlos Vítor Mussa Tavares. São Paulo: USE/ Madras Espírita, 2005.

XAVIER, Francisco Cândido; TAVARES, Clóvis; IBSEN, Stig Roland (Orgs.). *Auta de Souza*. Ditado pelo espírito de Auta de Souza. São Paulo: IDE, 1976.

XAVIER, Francisco Cândido. *A volta*. Ditado por espíritos diversos. São Paulo: IDE, 1993.

XAVIER, Francisco Cândido. *Brasil, coração do mundo, pátria do Evangelho*. Ditado pelo espírito de Humberto de Campos. Rio de Janeiro: Federação Espírita Brasileira, 1938.

XAVIER, Francisco Cândido. *Cartas de uma morta*. Ditado pelo espírito de Maria de São João de Deus. Rio de Janeiro: Federação Espírita Brasileira, 1935.

XAVIER, Francisco Cândido; CUNHA, Heigorina. *Cidade no além*. Ditado pelos espíritos de André Luiz e Lucius. São Paulo: IDE, 1983.

XAVIER, Francisco Cândido. *Emmanuel*. Ditado pelo espírito de Emmanuel. Rio de Janeiro: Federação Espírita Brasileira, 1938.

XAVIER, Francisco Cândido. *Entre a Terra e o Céu*. Ditado pelo espírito de André Luiz. Rio de Janeiro: Federação Espírita Brasileira, 1954.

XAVIER, Francisco Cândido. *Escola no além*. Ditado pelo espírito de Cláudia P. Galasse. São Paulo: Ideal, 1988.

XAVIER, Francisco Cândido. *Escultores de almas*. Ditado por espíritos diversos. São Paulo: Cultura Espírita União, 1987.

XAVIER, Francisco Cândido. *Evolução em dois mundos*. Ditado pelo espírito de André Luiz. Rio de Janeiro: Federação Espírita Brasileira, 1959.

XAVIER, Francisco Cândido. *Há 2.000 anos...* . Ditado pelo espírito de Emmanuel. Rio de Janeiro: Federação Espírita Brasileira, 1939.

XAVIER, Francisco Cândido. *Justiça divina* . Ditado pelo espírito de Emmanuel. Rio de Janeiro: Federação Espírita Brasileira, 1962.

XAVIER, Francisco Cândido. *Libertação*. Ditado pelo espírito de André Luiz. Rio de Janeiro: Federação Espírita Brasileira, 1949.

XAVIER, Francisco Cândido. *Mecanismos da mediunidade*. Ditado pelo espírito de André Luiz. Rio de Janeiro: Federação Espírita Brasileira, 1960.

XAVIER, Francisco Cândido. *Missionários da luz*. Ditado pelo espírito de André Luiz. Rio de Janeiro: Federação Espírita Brasileira, 1945.

XAVIER, Francisco Cândido. *No mundo maior*. Ditado pelo espírito de André Luiz. Rio de Janeiro: Federação Espírita Brasileira, 1947.

XAVIER, Francisco Cândido. *No portal da luz*. Ditado pelo espírito de Emmanuel. São Paulo: IDE, 1967.

XAVIER, Francisco Cândido. *Nos domínios da mediunidade*. Ditado pelo espírito de André Luiz. Rio de Janeiro: Federação Espírita Brasileira, 1955.

XAVIER, Francisco Cândido. *Nosso lar*. Ditado pelo espírito de André Luiz. Rio de Janeiro: Federação Espírita Brasileira, 1944.

XAVIER, Francisco Cândido. *Obreiros da vida eterna*. Ditado pelo espírito de André Luiz. Rio de Janeiro: Federação Espírita Brasileira, 1946.

XAVIER, Francisco Cândido. *Os mensageiros*. Ditado pelo espírito de André Luiz. Rio de Janeiro: Federação Espírita Brasileira, 1944.

XAVIER, Francisco Cândido. *Parnaso de além-túmulo*. Ditado por espíritos diversos. Rio de Janeiro: Federação Espírita Brasileira, 1932.

XAVIER, Francisco Cândido. *Paulo e Estêvão*. Ditado pelo espírito de Emmanuel. Rio de Janeiro: Federação Espírita Brasileira, 1941.

XAVIER, Francisco Cândido. *Pensamento e vida*. Ditado pelo espírito de Emmanuel. Rio de Janeiro: Federação Espírita Brasileira, 1958.

XAVIER, Francisco Cândido; ARANTES, Hércio. *Porto de alegria*. Ditado por espíritos diversos. São Paulo: IDE, 1990.

XAVIER, Francisco Cândido; ARANTES, Hércio. *Seara dos médiuns*. Ditado pelo espírito de Emmanuel. Rio de Janeiro: Federação Espírita Brasileira, 1961.

XAVIER, Francisco Cândido; TAVARES, Clóvis (Org.). *Tempo e amor*. Ditado por espíritos diversos. São Paulo: IDE, 1984.

XAVIER, Francisco Cândido. *50 anos depois*. Ditado pelo espírito de Emmanuel. Rio de Janeiro: Federação Espírita Brasileira, 1940.

b) Iconográfica

TAVARES, Flávio Mussa. *Acervo fotográfico da Escola Jesus Cristo*. Campos dos Goytacazes: 2015, Rua dos Goitacases, 177.

IGREJA DE SÃO SEBASTIÃO. *Secretaria Municipal de Cultura*. Disponível em: <http://culturacamposrjigrejas.blogspot.com.br/2010/06/sao-sebastiao-igreja-de--sao-sebastiao.html>. Acesso em: 4 set. 2015.

PRAÇA DE SÃO SALVADOR. *Instituto Historiar*. Disponível em: <http://institutohistoriar.blogspot.com.br/2013/03/ha-178-anos-atras-campos-dos-goytacazes.html>. Acesso em: 4 set. 2015.

LICEU DE HUMANIDADES DE CAMPOS. *Blog do Wilson Heidenfelder*. Disponível em: <http://wilsonheidenfelder.blogspot.com.br/2010/07/fotos-antigas-de-campos-dos-goytacazes.html>. Acesso em: 4 set. 2015.

b) Bíblica

Apocalipse, 2: 23. *Bíblia Online*. Disponível em: <https://www.bibliaonline.com.br/acf/ap/2>. Acesso em: 7 set. 2015.

Atos, 3: 19. *Bíblia Online*. Disponível em: <https://www.bibliaonline.com.br/acf/atos/3>. Acesso em: 7 set. 2015.

I Coríntios, 4: 8. *Bíblia Online*. Disponível em: <https://www.bibliaonline.com.br/acf/1co/4>. Acesso em: 4 set. 2015.

I Coríntios, 10: 13. *Bíblia Online*. Disponível em: <https://www.bibliaonline.com.br/acf/1co/10>. Acesso em: 4 set. 2015.

1 Crônicas, 4: 10. *Bíblia Online*. Disponível em: <https://www.bibliaonline.com.br/acf/1cr/4>. Acesso em: 7 set. 2015.

Êxodo, 20: 12. *Bibliaon*. Disponível em: <http://www.bibliaon.com/versiculo/exodo_20_12/>. Acesso em: 7 set. 2015.

Hebreus, 13: 3. *Bíblia Online*. Disponível em: <https://www.bibliaonline.com.br/acf/js/24>. Acesso em: 4 set. 2015.

Hebreus, 13: 8. *Bíblia Online*. Disponível em: <https://www.bibliaonline.com.br/acf/hb/13>. Acesso em: 4 set. 2015.

Isaías, 44: 18. *Bíblia Online*. Disponível em: <https://www.bibliaonline.com.br/acf/is/44>. Acesso em: 7 set. 2015.

João, 3: 30. *Bíblia Online*. Disponível em: <https://www.bibliaonline.com.br/acf/jo/3>. Acesso em: 4 set. 2015.

João, 6: 66. *Bíblia Online*. Disponível em: <https://www.bibliaonline.com.br/acf/jo/6>. Acesso em: 7 set. 2015.

João, 14: 26. *Bíblia Online*. Disponível em: <https://www.bibliaonline.com.br/acf/jo/14>. Acesso em: 7 set. 2015.

João, 15: 13. *Bíblia Online*. Disponível em: <https://www.bibliaonline.com.br/acf/jo/15>. Acesso em: 7 set. 2015.

João, 16: 13. *Bíblia Online*. Disponível em: <https://www.bibliaonline.com.br/acf/jo/16>. Acesso em: 7 set. 2015.

João, 20: 29. *Bíblia Online*. Disponível em: <https://www.bibliaonline.com.br/acf/jo/20>. Acesso em: 7 set. 2015.

Josué, 24. *Bíblia Online*. Disponível em: <https://www.bibliaonline.com.br/acf/js/24>. Acesso em: 4 set. 2015.

Lucas, 9: 62. *Bíblia Online*. Disponível em: <https://www.bibliaonline.com.br/acf/lc/9>. Acesso em: 5 set. 2015.

Lucas, 12: 47-48. *Bíblia Online*. Disponível em: <https://www.bibliaonline.com.br/acf/lc/12>. Acesso em: 4 set. 2015. A

Lucas, 13. *Bíblia Online*. Disponível em: <https://www.bibliaonline.com.br/acf/lc/13>. Acesso em: 4 set. 2015.

Lucas, 19: 26. *Bíblia Online*. Disponível em: <https://www.bibliaonline.com.br/acf/lc/19/26+>. Acesso em: 7 set. 2015.

Lucas, 23: 46. *Bíblia Online*. Disponível em: <https://www.bibliaonline.com.br/acf/lc/23>. Acesso em: 4 set. 2015.

Lucas, 24: 17. *Bíblia Online*. Disponível em: <https://www.bibliaonline.com.br/acf/lc/24/17+>. Acesso em: 4 set. 2015.

Marcos, 4: 26. *Bíblia Online*. Disponível em: <https://www.bibliaonline.com.br/acf/mc/4>. Acesso em: 7 set. 2015.

Mateus, 5: 13. *Bíblia Online*. Disponível em: <https://www.bibliaonline.com.br/acf/mt/5/>. Acesso em: 7 set. 2015.

Mateus, 5: 17. *Bíblia Online*. Disponível em: <https://www.bibliaonline.com.br/acf/mt/5>. Acesso em: 7 set. 2015.

Mateus, 7: 11. *Bíblia Online*. Disponível em: <https://www.bibliaonline.com.br/acf/mt/7>. Acesso em: 7 set. 2015.

Mateus, 8: 36-37. *Bíblia Online*. Disponível em: <https://www.bibliaonline.com.br/acf/mt/8>. Acesso em: 7 set. 2015.

Mateus, 9: 36. *Bíblia Online*. Disponível em: <https://www.bibliaonline.com.br/acf/mt/9>. Acesso em: 7 set. 2015.

Mateus, 10: 26. *Bíblia Online*. Disponível em: <https://www.bibliaonline.com.br/acf/mt/10>. Acesso em: 7 set. 2015.

Mateus, 13: 12. *Bíblia Online*. Disponível em: <https://www.bibliaonline.com.br/acf/mt/13>. Acesso em: 7 set. 2015.

Mateus, 16: 19. *Bíblia Online*. Disponível em: <https://www.bibliaonline.com.br/acf/mt/16>. Acesso em: 7 set. 2015.

Mateus, 19: 14. *Bíblia Online*. Disponível em: <https://www.bibliaonline.com.br/nvi/mt/19>. Acesso em: 7 set. 2015.

Mateus, 21: 10. *Bíblia Online*. Disponível em: <https://www.bibliaonline.com.br/acf/mt/21/10+>. Acesso em: 4 set. 2015.

Mateus, 25: 1. *Bíblia Online*. Disponível em: <https://www.bibliaonline.com.br/acf/mt/25>. Acesso em: 7 set. 2015.

Mateus, 25: 29. *Bíblia Online*. Disponível em: <https://www.bibliaonline.com.br/acf/mt/25>. Acesso em: 7 set. 2015.

Romanos, 14: 15. *Bíblia Online*. Disponível em: <https://www.bibliaonline.com.br/acf/rm/14>. Acesso em: 4 set. 2015.

2 Timóteo, 1: 12. *Bíblia Online*. Disponível em: <https://www.bibliaonline.com.br/acf/2tm/1/2+>. Acesso em: 4 set. 2015.

ANEXO A

– *Clóvis (de pé) com seus pais,*
Vicente e Elizabeth, e o irmão Nuno

– *Clóvis, com 2 anos*

– Clóvis, com 16 anos

*– Virgílio de Paula e Clóvis Tavares
em casamento de amigos*

– *Clóvis Tavares e Maria Amélia Ribeiro de Castro, em 1946*

– *Clóvis Tavares ao lado da jovem Celma, em 1950*

– Clóvis Tavares e César Burnier

– *Clóvis Tavares ao lado de Lucide Nolasco*

– *O casal Hilda e Clóvis, na Urca,*
Rio de Janeiro

– Maria Amélia Ribeiro de Castro,
Clóvis Tavares e Cirene Batista

– *Da esquerda para a direita,*
Clóvis Tavares, Lucide Nolasco, crianças da Casa da Criança

*– Clóvis, Pietro Ubaldi, Chico Xavier,
e o casal Alda e Rubens Romanelli
na Fazenda Modelo, em Pedro Leopoldo, MG, em 1951*

– Pietro Ubaldi

– Comemoração dos dois anos de Carlinhos:
Nagib Mussa, pai de Hilda, com Margarida Mussa Tavares no
colo, Maria Chacur Mussa,
mãe de Hilda, Clóvis Tavares,
Hilda com Carlinhos no colo,
Ivete Chacur, Diana Mussa,
Maria Zenith Pessanha,
Mariquinhas, Elza Tavares,
irmã de Clóvis e Elizabeth
Tavares, mãe de Clóvis

– *Clóvis Tavares entre amigos*

– *Inocêncio Noronha, Clóvis Tavares,*
Peixotinho, Jacques Aboab, Cirene Batista
e irmãos da Escola Jesus Cristo, em 1948

– Clóvis Tavares entre amigos.
Jacques Aboab é o segundo à sua direita

Clóvis Tavares entre amigos.
Na foto, de braços dados a Ciciliano e Jacques Aboab

– *Clóvis Tavares ao lado de um amigo*

– Clóvis Tavares na rádio Continental

– Chico Xavier em visita à Escola Jesus Cristo, em janeiro de 1967, após passar 10 dias incógnito na praia de Atafona, São João da Barra, RJ, como é relatado no livro "Trinta anos com Chico Xavier", de Clóvis Tavares. Da esquerda para a direita: Clóvis, Hilda, D. Mariquinhas, D. Petite (de braços dados com Chico) e D. Candinha

– Clóvis Tavares recebendo o "Pelicano de Ouro" em 1981, homenagem do Clube dos 50 às pessoas que dedicaram sua vida em favor do próximo

*– Clóvis Tavares e Dulcineia (Dudu),
na Escola Jesus Cristo, em 1982*

– *Clóvis na companhia de Gilda Duncan*

*– Clóvis Tavares em sua residência,
na companhia de Roseleni Machado, Celso Vicente Tavares,
Hilda, Eleonora Teixeira e Anandra Rezende, no ano de 1983*

– Clóvis com jovens da Mocidade e crianças da Escola Jesus Cristo

– Chico Xavier na companhia de Hilda Mussa Tavares, na visita a Campos em 1972, quando recebeu, da Câmara de Vereadores, o Título de Cidadão Campista

– *Clóvis Tavares na Escola Jesus Cristo, ao lado da menina Márcia, interna da Casa da Criança*

– Galeria de fotos | **Escola Jesus Cristo** –

ANEXO B

– Nina Arueira e sua irmã Maria José

– D. Didi, mãe de Nina Arueira

– Virgílio de Paula, primeiro presidente da Escola Jesus Cristo, a quem Chico Xavier chamou, em 1940, "o ancião da igreja"

– Escola Jesus Cristo em 1940

– Crianças da Casa da Criança na década de 40

– Clóvis e Lenini,
de Belo Horizonte, na Escola Jesus Cristo em 1940

– Diretoria da Escola Jesus Cristo em 1946

– Pavilhão Paplozito, Escola Jesus Cristo, década de 60

– *Pavilhão Bonifácio de Carvalho, Escola Jesus Cristo, década de 80*

– *Jardim em frente à Escola Jesus Cristo, década de 80*

– Pavilhão João de Deus, Escola Jesus Cristo, década de 80

– Sala Nina Arueira, Escola Jesus Cristo, década de 90

– Sala Carlinhos, Escola Jesus Cristo, década de 80

– Sala Clóvis Tavares, Escola Jesus Cristo, década de 80

– *Sala Maria Zenith Pessanha,*
Escola Jesus Cristo, década de 80

– Sala de Passes, Escola Jesus Cristo, década de 80

– *Vista do Templo, Escola Jesus Cristo, década de 80*

– *Vista do Templo, Escola Jesus Cristo, década de 80*

– *Prédio do antigo Lar dos Meninos, na Escola Jesus Cristo, onde funcionou o Instituto Allan Kardec e, atualmente, funcionam algumas salas de aula e oficinas*

– *Livraria Cícero Pereira, Escola Jesus Cristo, década de 90*

– *Pavilhão Pablocito / Museu de Ciro,
Escola Jesus Cristo, década de 90*

– Jardim em frente à Escola Jesus Cristo,
com placa comemorativa dos 150 anos de
"O Livro dos Espíritos", no ano de 2007

– Vista parcial do Horto de Célia, Escola Jesus Cristo, em 2008

– *Vista parcial do Horto de Célia, Escola Jesus Cristo, em 2008*

– *Painel da fachada da Escola Jesus Cristo*

– *Banca de livros espíritas Clóvis Tavares, na praça principal de Campos dos Goytacazes, RJ, fundada em 1989 pela Escola Jesus Cristo*

– Rosana e Flávio Tavares, Wanda Amorim Joviano, Geraldo Lemos Neto e Rubens Carneiro no Horto de Célia na Escola Jesus Cristo, por ocasião do lançamento do livro "Célia Lucius, Santa Marina", em 2008

– *Fachada da Escola Jesus Cristo na atualidade*

– Solenidade comemorativa
do centenário de Clóvis Tavares, em 20 de janeiro de 2015

– Solenidade comemorativa do centenário de Clóvis Tavares. Na foto, Celso Vicente, Hilda Mussa Tavares e Rubens Fernandes

– Celso Vicente, Hilda Mussa Tavares e Rubens Fernandes descerrando placa comemorativa do centenário de Clóvis Tavares, com a famosa frase, título deste livro, "A saudade é o metro do amor"

– Hilda Mussa Tavares e Rubens Fernandes

– *Placa comemorativa do centenário de Clóvis Tavares*

– *Hilda Mussa Tavares no Museu de Ciro*

– *Museu de Ciro e sua mostra permanente*

– Museu de Ciro e sua mostra permanente

– Museu de Ciro e sua mostra permanente

– *Coral Virgílio de Paula da Escola Jesus Cristo durante a solenidade de comemoração do centenário de Clóvis Tavares*

– Noite comemorativa dos 70 anos da Escola
Jesus Cristo, quando foi feita uma reconstituição histórica dos 70 anos através da música

– Detalhe da peça teatral "O pássaro azul", encenada no ano de 2003, no Teatro Trianon em Campos, em que as crianças se fizeram artistas de peças notáveis. Na foto, Robinson Rezende, Sílvia Duncan, Juliana e Saulo Tavares

– *Rubens Fernandes Carneiro*

– Margarida Maria Mussa Tavares Gomes,
filha de Clóvis e Hilda, arquiteta e professora

– Celso Vicente Mussa Tavares.
*Filho de Clóvis e Hilda, professor universitário,
diretor e palestrante da Escola Jesus Cristo*

– *Luís Alberto Mussa Tavares, filho de Clóvis e Hilda,*
autografando o livro "Um poema para o Natal", com
poesias para cada dia do mês de dezembro

– *Flávio Mussa Tavares, Geraldo Lemos Neto
e Wanda Amorim Joviano na noite de
18 de junho de 2008, na Escola Jesus Cristo,
lançando os livros "Célia Lucius, Santa Marina",
"Ignácio de Antioquia", "Sementeira de luz", "Deus conosco"
e "Militares no Além", publicações da Vinha de Luz Editora*

– *Ruth Maria Chaves Martins*

– Gilda Duncan Tavares

– Suzana Maia Mousinho. Distinta palestrante espírita do Rio de Janeiro. Privou da intimidade de Chico Xavier por muitos anos, sendo sua anfitriã incondicional quando ele se encontrava no Rio de Janeiro. Era a convidada oficial de Clóvis para as palestras de aniversário da Escola Jesus Cristo, em 27 de outubro. Após a desencarnação de Clóvis, Rubens, que o sucedeu na direção doutrinária da casa, manteve o convite a essa digníssima dama do Espiritismo, que é responsável por um importante trabalho social em Petrópolis, no Lar Espírita André Luiz (LEAL)

– *Ruth de Oliveira Monteiro*

– Maria Chacur Mussa, sogra de Clóvis,
de quem ele dá notícias em sua segunda comunicação

ANEXO C

– Palavras finais de Clóvis em sua primeira mensagem, na qual se destaca o fato de ele ter assinado quatro vezes, como que se esforçando, ele mesmo, o espírito, a refazer a sua assinatura

– Aqui, para efeito de comparação, o fac-símile de uma dedica-tória feita por Clóvis à sua nora, em seu aniversário, um ano e três meses após sua desencarnação. Nota-se na presente men-sagem uma tentativa do espírito em buscar a semelhança de sua assinatura. Não foi feita análise grafotécnica, mas remetemos o leitor que apreciar esse tema ao livro "A psicografia à luz da Grafoscopia", de Carlos Augusto Perandréa (Editora FE, 1991)

Uberaba, 29-4-84

Prezado Rubens:

Deus nos abençoe.

Recebi a sua carta e, com você, caro amigo, partilho a dor de havermos perdido a presença do nosso querido Clóvis em nosso Plano Físico. Refiro-me, assim, à prova que experimentamos, porque estou certo de que, do Plano Espiritual, continuará ele velando por nós, e auxiliando-nos na solução dos problemas que forem aparecendo.

Imagino o seu sofrimento de amigo e companheiro de

man com Clovis em todos os
passos do caminho.

Só mesmo pela fé em Deus
e pela confiança no Plano Espí-
ritual é que nos restabele-
ceremos do choque sofrido
com essa partida súbita daquele obreiro de Jesus, de quem
tanto precisávamos ainda.

"Seja feita a vontade do Pai"
é o que repetimos na oração
dominical entretanto, como
dói em nós a ausência do
amigo!...

Compreendi o que você
me conta do entendimento
com o Celsinho e creio que
vocês agiram com muito acer

to, concordando ambos em aguardar
mais tempo a fim de que o novo
caso Celso possa assumir responsabilidades tão grandes, acompanhando
o seu trabalho e a sua direção
para melhor se entrosar com
os serviços da Casa que aprei-
tamos tanto. Tenho orado, rogando aos nossos Benfeitores Espirituais nos auxiliem a seguir
nos caminhos que o Clovis tri-
lhou. Procurei ouvir mais detalha-
damente ao nosso Benfeitor
Dr. Bezerra de Menezes, que é
devotado amigo da Escola Jesus
Cristo e ele nos promete
sustentar as mas forças no
desimcumbência dos compromissos,

em andamento. De mim, reconheço a minha desvalia total,
desvalia atualmente a passada
os 74 janeiros de idade, agora
marcados por uma anfima
crateres muito difíceis. Ainda assim,
caro amigo, se eu puder
lhe alguma cousa, rego-lhe
continuidade do esquema de
tarefas e objetivos do nosso querido Clóvis na instituição à
qual deu ele a vida. Nesta
hora de ausência dele, é
possível surja o grupo dos
renovadores, talvez aspirando
a alterar esse ou aquele
item das atividades da Escola.
Muita gente não compreende que a

Escola Jesus Cristo é um farol
de orientação no mar agitado
de nossos dias. E essa característica
é a mais construtiva e mais bela
que o Clóvis, sob as diretrizes
dos Amigos Espirituais, nos
deixou aí. Você sabe: atravessa-
mos tempos em que a própria
veneranda figura do Divino Mestre sofre constantes desrespeitos,
até mesmo em certa ala de
nossos irmãos na fé. A Escola Jesus
Cristo é o Evangelho brilhando
no Espiritismo para assegurar
os princípios de nossa Doutrina
Renovadora. Eu, por mim, tenho
visto tantas experiências deso-
rientadas e tantos problemas indi-
viduais e coletivos no Espiritismo isoladamente considerado,

que sem o Evangelho de Cristo
à frente de nossas tarefas, eu
não teria condições para compreender o Espiritismo e a maioria
dos nossos irmãos Espíritas, para
continuar trabalhando mediunicamente, depois de mais de meio
século de atividade incessante.
Manter a Escola, era função, que
o nosso querido Clóvis lhe
imprimiu, perante Jesus, é,
a meu ver, obrigação nossa.
Mantenha, querido irmão, a
sua frente erguida e sustente
o patrimônio de serviço que
o nosso querido Clóvis nos legou.
Não podemos ser infiéis a
Jesus e a ele, Clóvis, que

Viver com Jesus a vida inteira.
Também sinto-me no entardecer
do dia-da-reencarnação, mas
pode crer que quando eu partir,
seguindo os Desígnios do Alto,
seguirei o meu caminho, na
convicção de que fenômenos
mediúnicos e polêmicas filosóficas sem o Evangelho de Cristo
podem descer facilmente para a
arena da luta destrutiva, em
que os contendores serão destruí-
dos uns pelos outros. Fenômenos mediúnicos e polêmicas filosóficas podem
ser grandes realizações, mas nunca
mente com a cobertura do Evangelho do Senhor.

Desculpe-me a carta longa e logo
que possível lhe escreverei mais. Sejamos leais e fiquemos firmes em
nossa luta de ação. Sempre afetuosamente Chico Xavier

Lembrança à sua querida e prezada esposa e queridos filhos. Um abraço do seu dos seus reconhecido, Chicoxavier

Ubhabn, 28-4-84

Querida Hilda:

Deus nos abençoe.

Recebi a sua querida carta de último e o seu coração afetuoso pode avaliar a profunda emoção com que continuo lendo repetidamente as suas notícias. E de cada vez que releio as suas frases é como se meu coração exigisse de mim uma lente feita de lágrimas para revisar o que você me escreveu com a sua bondade.

A partida súbita de nosso querido Clóvis está doendo

tanto em meu pobre espírito, que
ainda reluto em aceitar a realidade.
Às vezes me parece que estou dentro de um pesadelo, de que não
consigo me desvencilhar. Realmente,
nunca pensei que êle deixasse
o noso Plano Físico, antes de
mim. Há precisamente oito anos
que espero a minha libração da
existência terrestre, conquanto
sem idéia de me antepor aos
Desígnios Divinos. A Espiritualidade
colocou em minhas mãos um
bilhete de viagem, com a
angina sempre atuante e, como
não consta do bilhete o dia e
o horário exatos de minha trans-
ferência, estou sempre na expectativa

de chamada para seguir... Entretanto, o Senhor determinou que o
nosso querido Clóvis me antecipasse
na grande Mudança e estou
na sua perplexidade e no seu
sofrimento, reconhecendo que,
de agora para diante, o mundo
estará para nós mais escuro.
Qual acontece com você, não
estou sem o apoio da fé
e conservo a certeza de que
êle mesmo nos auxiliará e
nos protegerá, estendendo-nos
as mãos generosas, mas a
saudade é uma espécie de
lesão na alma que se nos
communica ao veículo físico,
entranhando-se em nossa pró-

minha vida.

Imagino o que você tem sofrido, tanto quanto os queridos fiéis e os queridos amigos nossos aí em Campos, porque se eu que, por força das determinações do Alto, estou vivendo espacialmente falando, tão longe daí, ainda estou ignorando o que fazer para me acomodar com a realidade, observo que para o seu coração e para o coração de todos os nossos, a ausência do nosso querido Clóvis é uma dor sem limites.

Recorro à prece e rogo a Jesus nos ampare. Os Benfeitores Espirituais nos dedicam abençoadas palavras de amor e esperança, destacando a fidelidade do servidor do Cristo, que tivemos o privilégio de conhecer e de cuja convivência nos foi possível receber tanta alegria e tanta felicidade e recolho-me à pequenez que me caracteriza para suplicar à Divina Providência nos sustente e nos abençoe.

Clóvis não se afastará de nós, porque, em verdade, temo-lo cada vez mais vivo, dentro de nós. É a conclusão a que cheguei, porque ele, por si é uma certidão de imortalidade, em nossos caminhos.

Aquele coração abençoado que palpitou entre os nossos não pode estar ausente. Ele estará constantemente em nós e conosco, orientando-nos os passos e refazendo-nos as forças.

Perdoe-me o fato de não estar escrevendo com os pés no chão da realidade. Esta carta é um gemido prolongado de minha pobre alma que deponho em sua alma querida por saber que a sua compreensão me perdoará.

Deus nos ampare o reajuste das nossas próprias energias. Quando eu estiver mais harmonizado com o meu dever

de aceitar os Desífios do Alto,
escreverei a você novamente. Por
agora, releve-me a querida Hilda
encontrar-me assim, qual
me encontro, com todo o
meu próprio ser, em desalinho.
Estou no trabalho habitual,
pois entendo que êle, onde
se encontrará presentemente,
espera que tenhamos suficiente
coragem para honrar-lhe os
exemplos, mas pode acreditar que
estou em minhas obrigações
com um fardo de dor que
ninguém vê e que me faz
curvar alma e corpo para
andar pesadamente no chão,
embora saiba que é meu

devem lembrar o querido amigo
fitando as Alturas.

Que Jesus se compadeça de nós
e nos abençoe.

Como estão Flaviulo e Margaridinha, Luizinho e Celsinho?
Espero que o nosso Carlinhos
esteja protegendo a nós todos,
refazendo-nos as forças para
a nossa caminhada. Sinto em
Carlinhos um irmão dos Anjos
de Deus. Que êle ore por
nós, pedindo a Jesus nos
fortaleça.

Querida Hilda, espero também
que possamos nos rever, com
a permissão de Jesus, neste
ano... Esperarei alguma reso-

vação de forças para combinar-mos a ocasião certa. Tenho o coração descompassado e a minha pressão com altos e baixos, reclamando auxílios espirituais e medicações constantes, mas espero melhorar-me.

Embora a minha carta esteja marcada de dor, envio a você, ao Flavinho e à querida Esposa o meu abraço dela chefiada das queridas netinhas.

Muitas lembranças a todos, aos familiares abençoados e aos nossos abençoados amigos. Para você, querida Hilda, a solidariedade e o carinho respeitoso do seu servidor sempre reconhecido,

Chico Xavier

337

Leia também

Réstia de luz

Primeiro livro editado pela Vinha de Luz Editora, lançado por ocasião do bicentenário de Allan Kardec (1804|2004) e dos 140 anos da primeira edição de *O Evangelho Segundo o Espiritismo* (1864|2004). Traz mensagens recebidas de espíritos diversos, psicografadas pelo médium Geraldo Lemos Neto, que interpretam as lições de *O Evangelho Segundo o Espiritismo*, nos indicando os caminhos mais certos da vida no permanente convite de nosso Mestre e Senhor Jesus.

Espíritos Diversos
Psicografia de Geraldo Lemos Neto

Ignácio de Antioquia

Uma viagem ao tempo da simplicidade e da pureza do Cristianismo, em sua mais bela e genuína expressão. Obra mediúnica repleta de episódios históricos do Cristianismo primitivo, que resgata para a memória da humanidade a vida e a trajetória de um dos seguidores mais valorosos de nosso Senhor Jesus Cristo.

Pelo Espírito Theophorus
Psicografia de Geraldo Lemos Neto

Sementeira de luz

Voltando à Terra no século XIX, Neio Lúcio encarna a personalidade de Arthur Joviano, cujo núcleo familiar, em missão redentora de um passado longínquo, conta com as presenças de personagens descritos nos romances *50 anos depois* e *Renúncia*. Desprendido em 1934, Neio Lúcio inicia sua comunicação com a família, através da mediunidade de Chico Xavier, em reuniões semanais de culto evangélico na casa de Rômulo Joviano, em Pedro Leopoldo | MG. As mensagens, repletas de sabedoria e amor extremado por todos aqueles com os quais conviveu, são bem a confirmação dos compromissos reparadores que assumimos na Espiritualidade, alicerçados nos ensinamentos de Jesus para nos tornarmos legítimos semeadores da Boa Nova.

Pelo Espírito Neio Lúcio
Psicografia de Francisco Cândido Xavier
Organização de Wanda Amorim Joviano

Deus conosco

Deus conosco é o livro que dá sequência às revelações espirituais inéditas da psicografia de Francisco Cândido Xavier, trazidas a lume pela prestimosa organização de Wanda Amorim Joviano, com a colaboração de Geraldo Lemos Neto. As mensagens, recebidas em sua maioria no culto doméstico do Evangelho no lar da família Joviano, nas décadas de 30 a 50, na Fazenda Modelo, em Pedro Leopoldo | MG, são de autoria de Emmanuel, o espírito responsável pela materialização da extensa bibliografia que tanto esclarecimento e consolação verteram da Vida Maior para a face da Terra, através das abnegadas mãos de Chico Xavier. Deus conosco nos traz de volta ao convívio os memoráveis discípulos do Cristo, ligados desde priscas eras, cuja missão foi a da reviviscência do Cristianismo puro e simples dos tempos apostólicos, no coração humilde e generoso das terras pacíficas do Brasil.

Pelo Espírito Emmanuel
Psicografia de Francisco Cândido Xavier
Organização de Wanda Amorim Joviano e
Geraldo Lemos Neto

Militares no Além

Dentre os tesouros guardados por Wanda Amorim Joviano, MILITARES NO ALÉM, da lavra de Chico Xavier nos anos de 36 a 52, no mínimo surpreende pela atualidade das mensagens em torno da paz que a humanidade do século XXI tanto anseia. Fruto da sua ingente dedicação no desdobre das tarefas mediúnicas no culto do lar realizado durante muitos anos pelo *Grupo Doméstico Arthur Joviano*, na Fazenda Modelo, em Pedro Leopoldo | MG, esse livro relata, na perspectiva espiritual de muitos servidores da pátria, a realidade consoladora do *outro lado*, onde o trabalho pelo bem não cessa e a esperança é sentimento que inspira a vitória do amor preconizado por Jesus.

Espíritos Diversos
Psicografia de Francisco Cândido Xavier
Organização de Wanda Amorim Joviano

Iluminuras

ILUMINURAS é a primeira publicação de bolso da Vinha de Luz Editora. É composta de pensamentos e frases extraídos do livro *Deus conosco*, do venerável espírito Emmanuel, psicografado por Francisco Cândido Xavier nas décadas de 30 a 50, durante o culto cristão no lar do Dr. Rômulo Joviano, na Fazenda Modelo, em Pedro Leopoldo | MG. A riqueza dos ensinamentos evangélicos apresentados na obra fala por si só e atesta o amparo de nosso Senhor Jesus Cristo à divulgação da Doutrina Espírita, codificada pelo apóstolo Allan Kardec.

Pelo Espírito Emmanuel
Psicografia de Francisco Cândido Xavier
Organização de Cezar Carneiro de Souza

Sementeira de paz

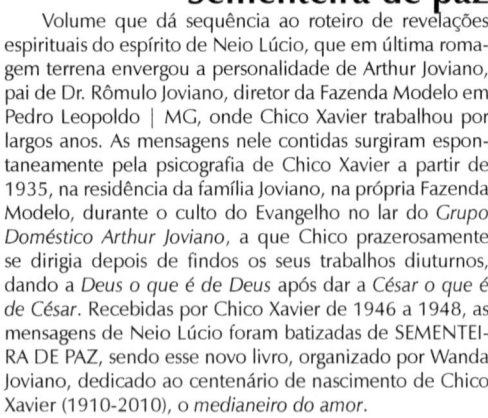

Volume que dá sequência ao roteiro de revelações espirituais do espírito de Neio Lúcio, que em última romagem terrena envergou a personalidade de Arthur Joviano, pai de Dr. Rômulo Joviano, diretor da Fazenda Modelo em Pedro Leopoldo | MG, onde Chico Xavier trabalhou por largos anos. As mensagens nele contidas surgiram espontaneamente pela psicografia de Chico Xavier a partir de 1935, na residência da família Joviano, na própria Fazenda Modelo, durante o culto do Evangelho no lar do *Grupo Doméstico Arthur Joviano*, a que Chico prazerosamente se dirigia depois de findos os seus trabalhos diuturnos, dando a *Deus o que é de Deus* após dar a *César o que é de César*. Recebidas por Chico Xavier de 1946 a 1948, as mensagens de Neio Lúcio foram batizadas de SEMENTEIRA DE PAZ, sendo esse novo livro, organizado por Wanda Joviano, dedicado ao centenário de nascimento de Chico Xavier (1910-2010), o *medianeiro do amor*.

Pelo Espírito Neio Lúcio
Psicografia de Francisco Cândido Xavier
Organização de Wanda Amorim Joviano

Pérolas de sabedoria

Compulsados do livro *Sementeira de luz*, organizado por Wanda Amorim Joviano, as frases e os textos apresentados no livro *Pérolas de sabedoria* foram coletados e reunidos por Braz José Marques com o propósito de engrandecer o aprendizado de todos nós nos estudos evangélicos do dia a dia. As pérolas da Espiritualidade — aqui incrustadas na condição de joias valiosas — são fundamentais para o esclarecimento daqueles que delas se valerem, expositores ou não da Doutrina Espírita.

Pelo espírito Neio Lúcio
Psicografia de Francisco Cândido Xavier
Organização de Braz José Marques

Colheita do bem

A autoria deste livro pertence ao professor Arthur Joviano, o estimado benfeitor espiritual que todos nós conhecemos com o nome de Neio Lúcio, personagem do romance *50 anos depois*, de quem recebemos valiosos ensinamentos dirigidos ao espírito imortal que vai vencer a morte e transpor os séculos. Chico Xavier psicografou as mensagens do livro durante o culto do Evangelho no lar da família Joviano, na Fazenda Modelo em Pedro Leopoldo, onde trabalhava. No *Colheita do bem* estão as páginas recebidas nos anos de 1949 a 1952, sendo, portanto, as últimas psicografadas na Fazenda Modelo, uma vez que em 1952 a família Joviano transferiu definitivamente sua residência para a cidade do Rio de Janeiro. *Colheita do bem* finaliza a série iniciada com o livro *Sementeira de luz*, seguido pelo *Sementeira de paz* — formando uma verdadeira trilogia da luz, da paz e do bem maior, que a todos nos une no carreiro da evolução espiritual para Deus.

Pelo Espírito Neio Lúcio
Psicografia de Francisco Cândido Xavier
Organização de Wanda Amorim Joviano

Chico Xavier — O primeiro livro

Vinte anos antes de sua desencarnação, Chico Xavier revelou que sempre guardou no íntimo o desejo de publicar as belas produções mediúnicas que os amigos espirituais escreviam por seu intermédio, nos idos dos anos 20. Curiosamente, Chico confeccionava, com suas próprias mãos e com grande esforço, alguns exemplares com a finalidade de despertar os amigos para a possibilidade de um livro. Face à pobreza material com a qual vivia, ao médium restava a esperança de que algum desses amigos se interessasse pelo tema e, talvez, movimentasse os recursos necessários para uma publicação. De suas primeiras produções manuais, contendo, inclusive, a sua sensibilidade artística no desenho e na ilustração das mensagens, Chico conseguiu guardar durante toda a sua vida um único exemplar, que ao final de sua existência terrena entregou ao seu sobrinho-neto, Sérgio Luiz Ferreira Gonçalves, que no-lo apresentou para a devida divulgação. Esse é então, de fato e de direito, o primeiro livro de Chico Xavier, que a Vinha de Luz Editora da Casa de Chico Xavier de Pedro Leopoldo trouxe a lume, com a alegria de presentear o amado amigo Chico com a edição de seu *primeiro livro* no ano de 2010, ano de seu centenário de nascimento.

Espíritos Diversos
Psicografia de Francisco Cândido Xavier
Organização de Geraldo Lemos Neto e
Sérgio Luiz Ferreira Gonçalves

Luz na Escola —
Chico Xavier na Escola Jesus Cristo
de Campos | RJ

Esse é um livro de Francisco Cândido Xavier, com mensagens psicografadas por ele durante visita de quatro dias à Escola Jesus Cristo, em Campos | RJ, em 1940. Contém comentários de seu organizador, Clóvis Tavares, testemunha ocular de todos os fenômenos ali ocorridos. Os textos desse volume representam uma reedição da sua primeira, pequena, única e esgotada edição, feita também em 1940, publicação de caráter doméstico da Escola Jesus Cristo, agora reeditada pela Vinha de Luz, que desempenha hoje um papel ímpar no resgate histórico da produção mediúnica de Chico Xavier.

Espíritos Diversos
Psicografia de Francisco Cândido Xavier
Organização de Clóvis Tavares e Flávio Mussa Tavares

Viajantes —
A Espiritualidade iluminando sua mente e seu coração através de Chico Xavier

Primeiro audiolivro da Vinha de Luz Editora, que reúne 20 mensagens de espíritos diversos, psicografadas por Chico Xavier ao longo de seus 75 anos de labor mediúnico. Com um sugestivo título-tema e trilha sonora de rara beleza, VIAJANTES, organizado e interpretado por Fernando Peron, é um incentivo ao estudo sério e aprofundado de tão extraordinário patrimônio filosófico, científico e religioso legado a nós pelas mãos operosas e abençoadas de Chico Xavier.

Espíritos Diversos
Psicografia de Francisco Cândido Xavier
Organização e interpretação de Fernando Peron

Lições para Angelita

Quando Chico Xavier tinha apenas 20 anos, dois personagens importantes surgiram para marcar a sua vida: a menina Angelita e sua mãe extremosa. Esse livro contém vinte mensagens repletas de ensinamentos preciosos, repassados de mãe para filha a partir do dia a dia que ambas vivenciam, e também das perguntas que a menina faz sobre os mais diversos temas acerca da existência. São lições para todas as pessoas. A receita segura para a construção do homem de bem – meta que todos nós devemos buscar.

Pelo Espírito João de Deus
Psicografia de Francisco Cândido Xavier
Organização de João Marcos Weguelin

Chico Xavier —
A aurora de uma vida entre o céu e a Terra

As mensagens aqui apresentadas foram psicografadas por Chico Xavier e publicadas no jornal espírita *Aurora*, dirigido por Inácio Bittencourt, entre julho de 1928 e abril de 1933. Nesses primeiros anos, Chico era ainda muito jovem, não sabia quem eram os espíritos que se comunicavam por meio dele, e era praticamente desconhecido fora das terras mineiras. A lucidez do jovem Chico Xavier ao comentar, ele mesmo, alguns trechos doutrinários sobre os postulados espíritas surpreende e seja em verso ou em prosa, sobre os mais variados temas, o leitor encontrará nesse livro preciosas lições de vida, ora nos ensinando a aceitar e a bendizer o sofrimento e as provas diárias, ora nos ensinando a viver uma vida verdadeiramente cristã e espírita, mostrando, por fim, quão breve é a existência terrena perante a eternidade do tempo.

Espíritos Diversos
Psicografia de Francisco Cândido Xavier
Organização de João Marcos Weguelin

Depois da travessia

Mais um volume da psicografia inédita de Chico Xavier, por espíritos diversos. A sua primeira parte é originária da fase do médium em Pedro Leopoldo, na Fazenda Modelo, na qual, após o serviço, frequentou o culto do Evangelho no lar do *Grupo Doméstico Arthur Joviano*, levado a efeito, semanalmente, pela família de Dr. Rômulo Joviano. Já a segunda parte é fruto da última fase da psicografia do médium em Uberaba, onde, nas sessões públicas do Grupo Espírita da Prece, recebeu o espírito da irmã, D. Luiza Xavier, em diversas oportunidades, a partir de 13 de julho de 1985. Permeando as comoventes mensagens desses espíritos sobre a própria sobrevivência além-túmulo, há fac-símiles de mensagens de Emmanuel e de Bezerra de Menezes, fotografias e escritos inéditos de Chico Xavier ilustrando as épocas e as personalidades citadas. A obra é, pois, instrutivo volume contendo valiosas informações sobre a vida espiritual depois da travessia dos umbrais da morte do corpo físico, a induzir-nos o espírito distraído no mundo a uma mais ampla reflexão sobre a imortalidade, patenteando-se-nos a real significação das palavras de Jesus, nosso Senhor e Mestre: "A cada um será dado segundo as próprias obras".

Espíritos Diversos
Psicografia de Francisco Cândido Xavier
Organização de Geraldo Lemos Neto e
Wanda Amorim Joviano

Militares com Jesus

As lições deste livro são de autoria de respeitáveis espíritos que passaram pela Terra na difícil experiência como militares. Portadores de grandes responsabilidades no dever, na disciplina, sobretudo integrados na justiça, propugnam, com amor, pela paz e pela felicidade dos povos, e do Brasil como pátria do Evangelho de nosso Senhor Jesus Cristo. São fragmentos extraídos do livro *Militares no Além*, psicografado por Francisco Cândido Xavier no período de 1936 a 1952 em Pedro Leopoldo, Minas Gerais, selecionados e organizados no presente volume como valiosos ensinamentos dos benfeitores da Vida Maior.

Por Espíritos diversos
Psicografia de Francisco Cândido Xavier
Organização de Cezar Carneiro de Souza

Registros imortais

Registros imortais resgata para a história da Doutrina Espírita o trabalho de desobsessão e de esclarecimento aos desencarnados levado a efeito no Centro Espírita Meimei, fundado por Chico Xavier na Pedro Leopoldo dos anos 50. Por meio da psicofonia, Chico Xavier e diversos outros médiuns receberam mensagens da Vida Maior assinadas por espíritos sofredores e em evolução, em cujo cerne encontramos o Evangelho de Jesus como alicerce seguro para a vida imortal. Complementando as obras *Instruções psicofônicas* e *Vozes do Grande Além*, editadas pela Federação Espírita Brasileira em 1955 e 1957, respectivamente, esse livro é mais um documento importante para o Espiritismo no Brasil e no mundo, testificando a ingente capacidade mediúnica e caritativa do maior médium de todos os tempos e a valiosa contribuição de todos aqueles que com ele conviveram nessas tarefas consoladoras.

Espíritos Diversos
Psicofonia de Francisco Cândido Xavier
Organização de Eugênio Eustáquio dos Santos

Obras da fé

A Vinha de Luz tem como missão maior a publicação e a divulgação de obras inéditas da lavra mediúnica de Francisco Cândido Xavier. Esse lançamento comemora seus 10 anos de trabalho e traz para o leitor uma seleção de mensagens de espíritos diversos, psicografadas pelo maior médium de todos os tempos, publicadas em 14 livros lançados por ela na última década. São mensagens de bênçãos. Uma obra de fé, que testifica a grandeza do compromisso para com a Doutrina dos Espíritos e para com o Evangelho do Cristo, respondendo ao chamado da tarefa abençoada com o livro espírita e com a preservação e a difusão da vida e da obra de Chico Xavier no Brasil e no mundo.

Espíritos Diversos
Psicografia de Francisco Cândido Xavier
Organização de João Marcos Weguelin

Palavras sublimes

A partir de 1930, a história de Chico Xavier começou a ser contada pelas páginas de *Reformador*, a mais antiga publicação voltada para a divulgação do Espiritismo no Brasil. Esse livro traz mensagens de Chico Xavier localizadas em suas edições de 1933 a 1950, psicografias assinadas por espíritos de vulto, como Emmanuel, Humberto de Campos, Bittencourt Sampaio, Abel Gomes, dentre outros, sendo este mais um título da bibliografia do médium mineiro que a Vinha de Luz Editora traz a lume, com a organização do jornalista João Marcos Weguelin, para a preservação da vida e da obra do maior brasileiro de todos os tempos.

Espíritos Diversos
Psicografia de Francisco Cândido Xavier
Organização de João Marcos Weguelin

Chiquito

CHIQUITO, da autora portuguesa Julieta Marques, conta um pouco da vida de Chico Xavier em linguagem acessível e direta, num convite ao amor, à humildade e à disciplina exemplificados pelo *médium do século*. Totalmente ilustrado, CHIQUITO é o segundo título da Vinha de Luz Editora voltado à evangelização infantil, que atende, sem dúvida alguma, às *crianças de todas as idades*.

Julieta Marques

Chico Xavier —
O médium dos pés descalços

Chico Xavier foi, durante toda a sua vida, a personificação do bem, do amor ao próximo e da humildade. Nesse livro, Carlos Baccelli relata casos pessoais em torno do médium mineiro e registra, por meio de cartas que agora torna públicas, sua amizade estreita com o maior representante do Espiritismo no Brasil e no mundo. O autor nos coloca em contato muito próximo com Chico Xavier. É como se estivéssemos frente à frente com ele, numa conversa intimista, repleta de ensinamentos. É quase uma conversa ao pé do ouvido — em que podemos sentir de novo, e mais uma vez, a sua insubstituível presença.

Carlos Antônio Baccelli

Chico Xavier com você

Chico, mais que médium, era sábio. Em seus lábios, tanto ecoavam lições dos espíritos amigos quanto ensinamentos de sua própria autoria. Aqui, nessas páginas, garimpando em obras, revistas e periódicos antigos, o autor organizou uma coleção de pérolas que, sem dúvida alguma, não figuram em nenhuma outra coleção do mundo. Por isso, certamente, com esse abençoado livro você estará de posse de um tesouro de valor incalculável. Um tesouro que fará de você uma das pessoas mais ricas entre todos os homens!

Carlos A. Baccelli

O voo da garça —
Chico Xavier em Pedro Leopoldo |
1910-1959

Esse trabalho histórico, do pesquisador pedroleopoldense Jhon Harley, que conviveu por 21 anos com Chico Xavier, é mais uma contribuição para compreender a figura humana do médium mineiro. Utilizando instrumentos e orientações do campo da História, principalmente no que diz respeito ao uso e à interpretação das fontes orais, escritas e iconográficas disponíveis, o autor transitou entre o acadêmico e o poético, fazendo uma analogia entre uma revoada de garças, ocorrida em 2 de abril de 1910, e a permanência de uma delas entre nós.

Jhon Harley

Pedro Leopoldo vista por
Chico Xavier — 1910 | 1959
49 anos da presença do
maior médium de todos os tempos

O que o menino, o jovem e o adulto Chico Xavier vislumbrou em seus primeiros anos de experiências humanas e durante o desabrochar de suas faculdades mediúnicas a serviço do Cristo e da Doutrina dos Espíritos? O que teria o seu cândido olhar registrado pela retina da convivência e da saudade? Esse livro reúne extenso material inédito sobre o maior médium de todos os tempos, com fotografias e documentos recuperados, classificados e arquivados pelo memorialista pedroleopoldense Geraldo Leão, do Arquivo Geraldo Leão, e por Geraldo Lemos Neto, da Casa de Chico Xavier, que retratam principalmente o ambiente socioeconômico e cultural de Pedro Leopoldo dentro do período em que Chico Xavier lá residiu, desde o berço, em 1910, até a sua mudança definitiva para Uberaba, em 1959.

Geraldo Leão e Geraldo Lemos Neto

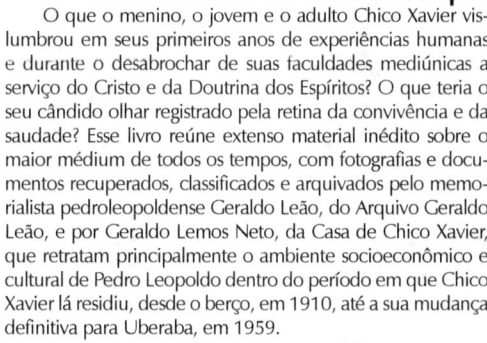

Célia Lucius, Santa Marina —
Semelhanças entre as biografias católicas e o romance *50 ANOS DEPOIS* de Francisco Cândido Xavier e Emmanuel

CÉLIA LUCIUS, SANTA MARINA é a revivescência da vida daquela que Chico Xavier | Emmanuel descreveram no romance *50 anos depois* como "*o lírio que nasceu do lodo das paixões do mundo para perfumar a noite da vida terrestre*" e que a igreja católica canonizou no século V. Aqui, por meio do minucioso e irrefutável estudo biográfico realizado por Flávio Mussa Tavares, filho do saudoso Clóvis Tavares, de Campos | RJ, o leitor se deparará com diversos relatos sobre Célia, confirmando a veracidade da narrativa do médium mineiro nos idos dos anos 40, tal qual previra Emmanuel no prefácio da obra referenciada. Para os espíritas, a consolidação da interexistência de Chico no desdobramento do labor mediúnico a benefício da difusão da Doutrina e sua prática evangelizadora, exemplificando o amor e a humildade legitimamente cristãos. Para os demais, uma reflexão sobre as lutas transitórias da vida física e a realidade além-túmulo — a verdadeira vida de todos nós.

Flávio Mussa Tavares

Evangelho puro, puro Evangelho —
Na direção do Infinito

Seguidor incontestE da Boa Nova do Cristo, e espírita em sua mais pura essência filosófica, Martins Peralva deixou para os estudiosos da Doutrina textos de iluminada sabedoria e reflexão, que foram reunidos no livro *Evangelho puro, puro Evangelho — Na direção do Infinito*, organizado por Basílio Peralva, e que a Vinha de Luz Editora trouxe a lume numa homenagem ao centenário de nascimento do *médium do século*, Francisco Cândido Xavier (1910|2010). A obra, que congrega artigos publicados na imprensa de 1945 a 1999, é indispensável ao homem de boa vontade, abordando temas imprescindíveis a todos os corações que jornadeiam rumo ao progresso espiritual.

Martins Peralva
Organização de Basílio Peralva

Era uma vez para sempre

Voltado à evangelização infanto-juvenil, esse livro é um compêndio de mensagens de graciosa narrativa, que enfeixa os ensinamentos do Cristo sob a ótica do Espiritismo, correlacionados a diversos assuntos de ordem espiritual e humana. Suas personagens principais — crianças sedentas de amor e de conhecimento — encantam pela perseverança no bem, sempre amparadas pela nobre e sábia Vovó Angel, que, como o próprio nome já diz, é um anjo do Senhor em suas vidas de aprendizado rumo à luz.

Pelo Espírito Blandina
Psicografia de Carlos Malab

Isabel —
A mulher que reinou com o coração

Dois dias após psicografar as primeiras das milhares de páginas através das quais o mundo espiritual se comunicou por seu intermédio, Chico Xavier manteve um revelador encontro com uma ilustre senhora que lhe mudaria o curso de vida. Era D. Isabel de Aragão, mais conhecida como Rainha Santa Isabel, a célebre rainha de Portugal, para sempre associada ao milagre da transformação do pão em rosas. Embora em circunstâncias e contextos distintos, ambos experimentaram o poder, a riqueza, a fama e a adoração, contudo, optaram por viver uma intensa vida interior feita de humildade, perdão, tolerância, paciência, compaixão e caridade como expressões do amor. Esse trabalho avança para além da vida de Isabel de Aragão, apresentando outras duas figuras históricas: Santa Isabel da Hungria e Isabel de Portugal, duquesa da Borgonha. Colocadas as narrativas das vidas das três personagens lado a lado, emergem repetições e similitudes, nas quais encontramos a essência da reencarnação. Obviamente, caberá a cada leitor fazer o seu juízo de valor perante os fatos, porém, no conjunto das três, verificamos como uma personalidade se desenvolve e se amplia nas ações meritórias, exemplificando-se o progresso próprio e incessante pela condição moral que apresenta, pois sendo as almas iguais pela filiação são diferentes pela consciência espiritual que revelam. Segundo testificou o próprio Chico sobre D. Isabel de Aragão, "*ela é um dos gênios espirituais protetores da raça luso-brasileira em diversas partes do mundo para que os povos luso-brasileiros conservem a fraternidade cristã que Jesus nos legou*" (Adelino da Silveira, *Chico, de Francisco*, CEU).

Maria José Cunha

Departamento Editorial da Casa de Chico Xavier
Av. Álvares Cabral, 1777 — 20º andar — Sala 2006
Santo Agostinho | 30170-001 | Belo Horizonte | MG
(31) 2531-3200 | 2531-3300 | 3517-1573

www.vinhadeluz.com.br
informacoes@vinhadeluz.com.br

www.casadechicoxavier.com.br
informacoes@casadechicoxavier.com.br

Este livro foi composto em tipologia Zapf Humanist, corpo 11, predominantemente.
Capa impressa em papel Supremo 250g e miolo impresso em Chambril Avena 80g.
Viena Gráfica e Editora Ltda. | Santa Cruz do Rio Pardo | SP